교실로 간 변호사 이랑이

공법과 미래의 법 편

교실로 간 변호사 이랑이: 공법과 미래의 법 편

© 임이랑, 진현정, 현운석

초판 1쇄 인쇄 2025년 5월 14일
초판 1쇄 발행 2025년 5월 28일

지은이 임이랑, 진현정, 현운석
펴낸이 박지혜

기획·편집 박지혜 | **일러스트** 다나
디자인 디스커버
제작 제이오

펴낸곳 ㈜멀리깊이
출판등록 2020년 6월 1일 제406-2020-000057호
주소 10881 경기도 파주시 회동길 37-20, 202호
전자우편 murly@murlybooks.co.kr
전화 070-4234-3241 | **팩스** 031-955-0601
인스타그램 @murly_books

ISBN 979-11-91439-65-6 73360

* 이 책의 판권은 지은이와 (주)멀리깊이에 있습니다.
* 이 책 내용의 전부 또는 일부를 재사용하려면 반드시 양측의 서면 동의를 받아야 합니다.
* 잘못된 책은 구입하신 서점에서 교환해드립니다.

머리말

임이랑 변호사

여러분은 일상생활 곳곳에 항상 '법'이 존재한다는 사실을 알고 있나요? '법' 하면 드라마 속 멋진 변호사, 경찰서, 법원 등을 떠올릴 수 있지만 법은 그런 거창한 곳에만 존재하지 않습니다. 등굣길, 친구들과 다투는 상황, 급식을 먹는 순간까지도 각각 다른 법이 적용된답니다.

법을 배우면 자연스럽게 '논리적인 어린이'로 성장할 수 있습니다. 법은 문제의 원인을 찾고, 합리적인 해결책을 고민하는 과정이기 때문입니다.

한때 초등학교 선생님이었지만, 지금은 변호사가 된 이랑쌤과 함께 즐겁고 흥미로운 법의 세계로 떠나볼까요?

진현정 선생님

이 책은 2022 개정 교육과정의 방향성을 반영하여, 학생들이 실제 생활 속에서 법과 리걸 마인드를 적용할 수 있는 능력을 키우는 데 초점을 맞추고 있습니다. 또한 사회, 도덕, 국어 교과와 유기적으로 연결되어 있어, 학교 현장에서 통합적인 학습 자료로 활용하기에 적합합니다.

이 책을 통해 법이 더 이상 어렵고 딱딱한 주제가 아니라, 우리 삶과 밀접하게 연결된 친숙하고도 중요한 개념으로 다가가기 바랍니다. 나아가 서로의 권리와 책임을 존중하며 더 나은 사회를 만들어 가는 데 밑거름이 되기를 기대합니다. 이제, 함께 교실 속 법률 여행을 떠나 볼까요?

현운석 선생님

어떻게 하면 법 이야기를 즐겁게 전할 수 있을까? 오랜 시간 고민한 끝에 흥미로운 방법을 떠올렸습니다. 바로 '임이랑' 변호사가 하룻밤 사이에 초등학생으로 돌아가 1년 동안 학교에서 친구들과 함께 지낸다는 상상 이야기를 만들어 냈습니다.

여러분은 선생님이나 부모님께 배우는 것보다 '이랑이'와 같은 또래 친구들과 함께 생활하면서 배우고 깨닫는 것들이 훨씬 더 많습니다. 그래서 이 책에는 여러분이 충분히 고민하고, 친구들과 의견을 나눌 수 있도록 다양한 상황과 과제를 포함시켰습니다.

이야기를 통해 법을 배우고, 친구들과 함께 의견을 나누면서 더 깊이 있는 배움을 경험해 보세요! 신나고 재미있는 과정이 되리라 확신합니다.

등장인물

열세 살이 된 변호사 임이랑
ENFJ, 정의로운 사회운동가형

초등학교 선생님이었다가 어린이와 사회의 약자를 보호하고 싶어 변호사가 되었습니다. 멀리깊이초등학교에서 걸려 온 강의 요청 전화를 받은 다음 날, 마법처럼 초등학교 6학년이 되어 버립니다. 이랑이는 왜 초등학생이 되었을까요? 이랑이를 통해 교실에는 어떤 변화가 일어날까요?

이랑이의 변신 스토리는 《교실로 간 변호사 이랑이: 형법과 민법 편》에 자세히 나와 있답니다.

배려 깊은 조력자 권평등
INFJ, 통찰력 있는 예언가형

주변 친구들에게 도움이 필요할 때마다 자기 일처럼 적극적으로 도와주는 다정한 친구입니다. 섬세한 성격으로 주변을 보살피며, 고민이 있거나 어려운 상황이 생길 때는 이랑이에게 적극적으로 상담을 요청합니다.

사랑스러운 사고뭉치 박심술
ENFP, 재기발랄한 활동가형

어떤 일이든 적극적이고 열정적으로 참여하며, 상상력이 풍부합니다. 때로 사건 사고를 일으키지만, 창의적으로 문제를 해결하는 능력도 뛰어납니다.

책임감 있는 모범생 이정의
INTJ, 청렴결백한 논리주의자형

조용하고 내성적이며, 침착하고 신중한 태도로 맡은 일을 성실하게 수행합니다. 책임감이 강하고 믿음직하지만, 지나치게 논리적이어서 친구들에게 공감하기 어려울 때도 많아요.

차례

머리말 • 4
등장인물 • 6
새로운 이야기의 시작 • 11

1장. 나라를 운영하는 데는 질서가 필요해! 공법

스마트폰 사용은 내 권리 아니야? • 21
회장이 모든 것을 결정할 수는 없어! • 36
큰 죄를 저지르면 목숨을 빼앗아도 될까? • 53
미세먼지 때문에 체육을 못하다니! • 66
간섭이 아니라 보호야! • 79
그 식당은 왜 15일이나 영업을 중지했을까? • 93
학교 근처에는 코인노래방이 생길 수 없다고? • 108
떡볶이 사줄 테니까 나를 뽑아줘야 해, 알겠지? • 121
어린이도 세금을 낸다고? • 133
누구도 처벌받아서는 안 돼! • 144

2장. 인공지능이 판사를 대신할 수 있을까? 미래의 법

법은 좋은 세상을 만드는 데 꼭 필요한 도구야! • 163
AI 판사가 인간 판사보다 나을까? • 175
미래의 인권은 어떻게 달라질까? • 186
법은 우리를 지켜주는 약속! • 197

부록 1. 교육과정 연계표 • 201
부록 2. 2022개정교육과정 학교 자율시간 운영 자료 • 204

벌써 내일이 개학이야!

어느덧 여름방학이 끝나가고, 2학기를 맞이할 시간이 다가오고 있었어요. 친구들 모두 개학이 다가올수록 다시 만날 생각에 기분이 좋아지다가도 혹시 깜빡하고 잊어버린 방학 과제가 있지는 않을까 불안해하고 있었지요.

'깨톡! 깨톡!'

개학을 하루 앞두고 반 친구들의 단체 채팅방에 알람 소리가 계속 울렸어요.

"방학 숙제 다 한 사람?"

"개학식 날 꼭 챙겨 가야 하는 준비물이 뭐야?"

아이들 모두 뒤늦게 개학을 준비하느라 분주했어요.

"너희들, 세상에서 가장 빠른 게 뭔지 알아?"

다들 개학 준비를 위한 내용을 공유하던 중에, 심술이가 뜬금없는 질문을 올렸어요.

"그것은 바로 방학 중 흐르는 시간이야. 엊그제 방학한 것 같은데 벌써 개학이라니……. 믿을 수 없어!"

심술이의 말에 다들 '좋아요' 혹은 '웃겨요'를 보내며 호응했어요.

"다들 방학 즐겁게 잘 보냈어?"

이랑이가 친구들의 안부를 묻자, 아이들이 각자의 이야기를 길게 풀어가며 답글을 이어 갔어요.

"나는 이번 방학 때 부모님과 문제집 두 권을 다 풀겠다는 약속을 지켜서 새로운 스마트폰이 생겼지! 내일 가서 보여줄게!"

"엄마랑 같이 동생 어린이집 교통 봉사활동에 참여했어. 아침 출근 시간에 매우 위험하더라고. 힘들긴 했는데 보람 있었어."

좋은 소식도 있는 반면, 안타까운 소식도 있었지요.

"가족끼리 해외여행을 가기로 했는데, 갑자기 날씨 때문에 비행기가 출발하지 못해 여행이 취소됐어! 처음에는 억울했지만, 승객의 안전이 최우선이란 말을 듣고 참기로 했지."

각자 이런저런 경험을 나누고 있을 때, 정의는 다른 친구들과는 전혀 다른 이야기를 꺼냈어요.

"나는 우리나라에서 투표권이 열여덟 살부터 생긴다는 것이랑, 대통령은 만 40세가 되어야만 할 수 있다는 것을 알았어."

"대통령이 되려면 40세가 되어야 한다고? 그거 어떻게 알았어?"

대통령이라는 주제에 심술이가 관심을 보이며 물었어요.

"책에서 봤어. 법은 도대체 누가 만드는 건지 찾아보다가……."

"정의야, 너는 왜 소중한 방학에 책을 읽고 그래? 신나게 놀아도 부족한 방학인데 말이야."

심술이의 댓글을 보고 걱정된 평등이가 다시 답글을 달았어요.

"심술아, 방학 과제 확인 좀……. 책 다섯 권 읽고, 독서감상문 써 와야 하는데, 몰랐어?"

"으악!"

심술이는 비명을 지르는 듯한 이모티콘을 남긴 채, 채팅방에서 자취를 감춘 듯 조용해졌어요.

"다들 건강한 모습으로 내일 보자."

이랑이는 친구들이 조금씩 어른스러워지는 모습을 보며 기특하다고 생각하며 방학 마지막 날을 보냈어요.

더욱 깊어지는 우정의 힘

"박심술, 빨리 일어나! 곧 수업 시작이야."

책상 위에 엎드려 자고 있는 심술이를 이랑이가 깨웠어요. 심술이의 책상 위에는 방학 과제가 수북이 쌓여 있었지요.

"심술아, 너 지난 밤 사이에 방학 숙제 다 한 거야?"

쌓여 있는 방학 과제를 보고 놀란 평등이가 물었어요.

"응. 새벽까지 하느라 잠도 제대로 못 자고……."

정의와 평등이는 어리둥절한 표정으로 심술이를 지켜보고 있었어요.

"너희들 왜 그래? 내 얼굴에 뭐라도 묻었어?"

심술이가 정의와 평등이를 번갈아 쳐다보더니 물었지요.

"심술아, 나는 네가 방학 숙제를 다 해 온 것을 처음 보는 것 같아."

"나도 마찬가지야."

평등이와 정의는 심술이가 늦은 새벽까지 방학 숙제를 다 해 왔다는 것에 놀란 것이었어요.

"내가 그랬나? 그래도 약속은 지켜야지. 남들 다 해 오는데 나만 안 해 오면 창피하기도 하고."

대수롭지 않게 말하는 심술이에게 더욱 놀란 평등이와 정의는 서로를 쳐다보며 아무 말도 할 수 없었어요.

'심술이도 조금씩 성장하는구나. 앞으로는 조금 덜 걱정해도 되려나…?'

지켜보던 이랑이도 심술이의 변화에 놀라고 있었어요. 그러던 중, 이랑이와 눈이 마주친 심술이가 말했어요.

"이랑아, 오늘 선생님께 개학 첫날이니까 수업하지 말고 청소랑 자유시간으로 보내면 어떻겠냐고 말씀드려 봐. 선생님께서 네 말은 잘 들어주시잖아."

평등이, 정의, 이랑이는 그저 한바탕 크게 웃고 말았어요. '사람은 역시 쉽게 변하지 않는구나.'라고 생각하면서 말이에요.

6학년 1학기를 함께 보낸 친구들은 서로에 대해 더욱 잘 알게 되면서 조금씩 깊은 우정이 생기기 시작했어요. 이런 우정은 앞으로 맞이하게 될 여러 문제를 해결하는 데에 매우 큰 힘이 된답니다.

초등학생 시절에 또래 친구들과의 관계는 정말 중요해요. 친구들과의 관계를 통해 감정을 표현하고 조절하는 법, 다른 사람과 대화하는 법, 서로의 감정을 이해하는 법, 그리고 문제나 갈등을 해결하는 방법을 배울 수 있어요. 그래서 초등학생 시절에 친구들과 좋은 관계를 맺고, 그 관계를 잘 유지하는 것이 아주 중요한 일이에요. 여러 전문가들은 초등학교 시절에 공부뿐만 아니라 친구들과 잘 지내는 방법을 배우는 것이 가장 중요한 일이라고 말하기도 해요.

지금 이랑이와 친구들은 서로 우정을 더욱 깊이 쌓아 가고 있어요. 이런 관계는 앞으로 어려운 일이 생겼을 때, 힘을 모아 해결할 수 있는 큰 힘이 되어 줄 거예요. 단순히 힘과 지혜를 모으는 것뿐만 아니라, 서로 응원하고 격려하면서 더욱 힘을 낼 수 있도록 도움을 주지요. 친구들과의 우정이 깊어질수록 주변에 좋은 영향을 주고, 건강한 관계를 바탕으로 사회에 이바지하는 사람으로 성장할 수 있답니다.

이랑이와 친구들의 활약, 앞으로 더 기대해도 좋겠지요?

이랑이가 알려주는 관계의 소중함

- ▶ **또래 관계의 중요성**: 초등학생 시기에는 또래와의 관계를 통해 많은 것을 배워 나갑니다. 자신의 감정을 표현하는 방법, 조절하는 방법, 원활하게 의사소통을 하는 방법 등 다양한 능력을 키우며 성장할 수 있답니다.
- ▶ **협력적 문제해결 능력**: 협력적 문제해결이란 어떤 문제를 혼자서 해결하기 어려울 때, 친구들과 함께 힘을 모아 해결하는 능력을 말해요. 주로 둘 이상의 사람들이 서로의 생각을 듣고, 의견을 조정하며 문제를 해결하는 능력을 뜻합니다.

1장

나라를 운영하는 데는 질서가 필요해

공법

스마트폰 사용은 내 권리 아니야?

우리 학교의 '학칙', 얼마나 알고 있니?

언제 방학이 끝나가는 것을 아쉬워했냐는 듯이, 이랑이와 친구들은 매일 즐거운 마음으로 등교하고 있었습니다.

"정의야, 안녕?"

"응. 이랑이도 안녕?"

교문 앞에서 만난 친구들은 아침부터 반갑게 인사를 나누었습니다.

"그런데 얘들아, 저게 뭐지?"

실내화를 갈아 신던 정의가 교실로 올라가는 계단 옆 학생 게시판에 붙어 있는 게시물을 가리키며 물었어요. 심술이가 가장 먼저 달려가 안내문을 살펴보았지요.

"우리 학교 학칙 개정을 위한 의견을 수렴합니다. 개정을 위한 의견이 있는 학생은 다음 주 금요일까지……."

심술이가 중얼거리며 안내문을 읽고 있을 때쯤, 다른 친구들도 게시판 쪽으로 다가왔어요. 궁금해진 심술이가 친구들에게 물었어요.

"학칙은 뭐고, 개정? 수렴합니다? 이건 또 무슨 뜻이지?"

"학칙은 우리 학교 규칙을 말하는 것 같은데……."

정의는 '학칙'의 뜻은 알고 있었지만, 다른 단어들은 잘 이해하지 못한 눈치였어요.

'아이코, 선생님들도 참 너무하셔. 초등학생 수준을 생각해 주셔야지……. 그나저나 박심술, 학칙이 뭔지도 모르는 건 좀 심한 것 아니야?'

이랑이는 안내문이 너무 어려운 말로 쓰여 있어 걱정하면서도, 학칙이 무엇인지 모르는 심술이도 너무하다는 생각이 들었어요.

"이따 내가 선생님께 여쭤보지, 뭐."

정의가 대충 정리하며 친구들과 함께 늦지 않게 교실로 올라갔어요. 다행히 수업이 끝난 후 선생님께서 게시판에 부착된 안내문의 내용을 다시 설명해 주셨지요.

"여러분, 오늘부터 다음 주 금요일까지 우리 학교의 학칙 제·개정에 대한 학생 의견을 **수렴**합니다. 우리 학교 학칙에 대한 의견이 있는 학생들은 적극적으로 의견을 제안해 주세요. 그럼, 안전하게 귀가하세요."

수렴
여러 의견을 하나로 모아 정리하는 것을 말해요.

"선생님, 저 그런데 질문이…….""

선생님께서 바쁘셨는지, 재빨리 교실을 나가시는 바람에 친구들은 질문할 기회를 놓쳐버렸어요. 이랑이는 '아차!' 싶은 마음에 속으로 생각했어요.

'선생님께서는 가끔 우리를 너무 과대평가하신다니까……. 어쩔 수 없이 내가 나서야 하겠군. 리걸 마인드!'

이랑이가 알려주는 학칙

▶ **학칙**: 학교의 기본적인 사항을 정해 둔 규칙을 말해요.
▶ **학칙의 제정 및 개정**: 학교의 장(교장 선생님)은 법령의 범위 안에서 학칙을 제정 또는 개정할 수 있으며, 학칙을 제정하거나 개정할 때에는 학생, 학부모, 교원의 의견을 듣고, 그 의견을 반영하도록 노력해야 합니다.

※ 초·중등교육법 제8조(학교 규칙) 참조

제정과 개정
제정은 제도나 법률을 만들어서 정하는 것을, 개정은 이미 정한 것을 고치는 것을 말해요.

'학칙'이라는 말이 생소한가요? 충분히 그럴 수 있습니다. 평소 선생님들은 학생들이 지켜야 할 사항에 대해 자주 말씀하시지만, 그때마다 이것이 '학칙'이라고 정확하게 말하는 경우는 많지 않기 때문이지요. 하지만 학교에서 생활할 때 적용되는 대부분의 규칙들은 학칙을 근거로 하고 있답니다.

그렇다면 학칙으로 정하는 내용에는 어떤 것들이 있을까요? 대표적으로 학년, 학기, 학급 수, 입학과 졸업에 대한 규정, 학생 징계, 학생자치활동 운영 등이 있으며, 거의 모든 학교생활을 포함하고 있다고 생각해도 괜찮아요. 학칙은 학교생활을 위한 매우 중요한 기준이 되기 때문에, 바꾸거나 새롭게 만들 필요가 있을 경우 학생, 학부모, 선생님의 의견을 적극 반영해야 한답니다.

지금 멀리깊이초등학교는 새로운 학칙을 만들거나 기존 규칙을 바꿀 필요가 있는지 학생들의 의견을 묻고 있는 것이랍니다.

스마트폰 금지 규정, 과연 옳은가?

"난 반대일세!"

심술이가 갑자기 소리치며 말했어요. 주변에 있던 친구들이 모두 놀라 심술이를 쳐다보았고, 심술이는 무척이나 불만스러운 표정이었지요.

"학교에서 스마트폰을 사용할 수 없다니……. 이건 너무하잖아!"

심술이는 친구들과 함께 학칙을 살펴보다가 스마트폰 사용 금지 규칙을 발견하곤 불만을 표시하고 있었어요.

"심술아, 네가 오해한 것 같아. 학교에서 스마트폰을 아예 사용하지 못하는 것이 아니라, 수업 시작부터 종료 때까지 사용할 수 없다는 거잖아."

평등이가 심술이를 진정시키며 말했어요.

"평등이 말이 맞아. 수업 시간 중 스마트폰 사용은 당연히 금지해야지. 그리고 선생님의 허락을 받으면 사용할 수 있다고 하니까 문제없잖아."

정의도 평등이의 편을 들며 심술이를 진정시키려 했지요. 그러나 두 친구의 말을 듣는 둥 마는 둥 하며, 심술이는 무언가를 열심히 적고 있었어요. 이 모습을 본 이랑이가 물었지요.

"야, 박심술. 너 지금 뭐 해?"

"선생님이 학칙에 대한 의견이 있으면 언제든 제출하라고 하셨잖아. 나는 이 규칙에 동의할 수 없어. 이건 학생 인권 침해라고!"

심술이는 스마트폰 사용 금지 규칙을 바꾸기 위해, 선생님께서 나눠주신 개정 의견서를 진심을 담아 작성하고 있었어요.

"심술아, 이건 아닌 것 같아. 너는 수업 중에 선생님께 허락받지 않고 스마트폰을 사용해도 된다고 생각해?"

정의가 다시 한번 심술이를 말려 보았지만, 소용없었지요.

"내가 이런 주장을 하는 데에는 다 근거가 있거든! 소지품 사용은 개인의 자유라고. 학생 인권이란 말 못 들어봤어?"

고집을 꺾지 않는 심술이의 모습을 다들 걱정스럽게 바라보았어요. 그런데 이랑이는 웬일인지 심술이를 말리기는커녕, 엷은 미소를 띠며 지켜보고만 있었지요.

'박심술, 학생 인권을 근거로 주장을 하다니 제법인걸. 과연 학칙을 바꿀 수 있는지 지켜볼까? 리걸 마인드!'

이랑이가 알려주는 학생 생활지도 관련 법률

- **학생생활지도**: 학교장과 교사는 학생의 인권을 보호하면서, 교육활동에 필요할 경우 법령과 학칙에 따라 학생을 지도할 수 있습니다.
- **교원의 학생생활지도에 관한 고시**: 학교장과 교사가 학생들을 어떤 범위 내에서, 어떤 방식으로 생활지도할 수 있는지를 정해둔 규칙입니다.

※ 초·중등교육법 제20조의2, 교원의 학생생활지도에 관한 고시 참조

선생님들이 학생들을 생활지도하는 것은 초·중등교육법에서 보장하는 권한이자 책임입니다. 학교는 학생의 인권을 보호하고, 교육활동이 정상적으로 운영될 수 있도록 학생을 지도할 권리가 있어요. 이때 학교 안팎에서의 학생 생활 전반이 모두 생활지도의 대상이 될 수 있습니다. 따라서 심술이가 주장하는 스마트폰 사용에 관한 규칙도 생활지도와 관련되어 있으며, 학칙에는 별도로 '학생생활규정'을 두어 생활지도와 관련된 규칙을 정해 놓고 있습니다.

그런데 학교마다 너무 다른 규칙을 만들면 혼란스러울 수 있

기 때문에, 정부에서는 학생 생활지도에 대한 공통 기준을 마련했는데, 그것이 바로 '교원의 학생생활지도에 관한 고시'입니다.

> **고시**
> 글로 써서 널리 알리는 것을 말해요.

이 고시에는 모든 학교에 공통적으로 적용되는 기준이 나와 있습니다.

이 기준에 따르면, '학생 및 교직원의 안전과 건강에 위험을 끼칠 우려가 있는 물품', '학생에게 판매될 수 없는 물품'은 소지할 수 없으며, 그 밖에도 각 학교의 학칙에 따라 소지하거나 사용할 수 없는 물품을 정할 수 있습니다. 심술이네 학교에서는 수업 중 스마트폰 사용을 금지하기로 이미 결정한 적이 있는 것이지요.

심술이는 바로 이 스마트폰 사용 금지 규칙을 바꾸는 의견을 제안하기로 했어요. 그렇다면 여러분들의 생각은 어떤가요?

학교 규칙이 먼저일까, 학급 규칙이 먼저일까?

"지금부터 학급 회의를 시작하겠습니다."

학급회장이 학급 회의의 시작을 알렸어요. 학급 회의는 보통 지난달 생활을 돌아보며 반성할 일을 나눈 뒤, 이번 달 생활 수칙, 건의 사항 등을 발표하고 정리하는 것이 일반적이었어요. 그날도 순

조롭게 진행되어 마지막 순서인 건의 사항만 남겨둔 상태였지요.

"마지막으로, 건의 사항이 있으면 발표해 주시기 바랍니다."

그러자 갑자기 심술이가 손을 번쩍 들고 일어났어요.

"지난번 우리 학교 규칙 중에서 스마트폰 사용 금지에 대한 규칙을 바꿔 달라고 요청했지만, 받아들여지지 않았습니다. 그러나 솔직히 저는 학교의 입장을 이해합니다."

친구들은 모두 깜짝 놀라 심술이의 이야기에 집중했어요. 심술이가 저렇게 당차게 말하는 일은 드물었기 때문이지요.

"그렇지만 스마트폰은 공부에도 도움이 될 수 있고, 수업 중 궁금한 것을 검색하는 데 쓸 수도 있습니다. 따라서 우리 반만이라도 스마트폰 사용을 허용했으면 좋겠습니다."

친구들은 심술이의 제안을 듣고 더욱 놀라 웅성웅성 떠들기 시작했어요. 그리고 심술이의 제안에 대해 서로 찬반 논쟁을 벌이며 금세 시끄러워졌지요.

"잠시만 조용히 해 주세요!"

갑자기 어수선해진 분위기를 진정시키느라 학급 임원들은 **곤욕**을 치르고 있었어요.

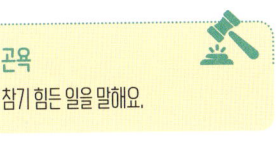

곤욕
참기 힘든 일을 말해요.

'우리끼리 결정할 내용이 아닌 것 같은데……'

이랑이는 걱정스러운 마음으로 선생님을 바라보았지만, 선생님께서는 전혀 동요하지 않는 표정으로 팔짱을 낀 채 지켜보기만 하셨지요.

"여러분, 학급 회의에서는 어떤 의견이든 존중받아야 합니다. 심술이의 의견은 충분히 근거가 있어 보여요. 그러나 안타깝지만, 심술이의 건의 사항은 받아들여질 수 없어요."

머리를 붙잡고 절망하는 심술이와는 달리, 이랑이는 속으로 쾌재를 부르고 있었어요.

쾌재
마음먹은 대로 잘될 때 나는 소리를 말해요.

"그 이유에 대해서는 여러분이 충분히 생각해 보았으면 합니다. 정확히 일주일 후, 바로 이 시간에 스마트폰 사용에 대해 이야기해 보도록 할게요."

친구들은 모두 어리둥절한 표정으로 서로를 바라보았어요.

'역시 우리 선생님! 학칙이 헌법이라면 학급 규칙은 법률에 해당하는 것이지. 그런데 과연 우리 반 친구들이 상위법 우선의 원칙을 알아낼 수 있을까? 리걸 마인드!'

이랑이가 알려주는 상위법 우선의 원칙과 헌법

- **상위법 우선의 원칙:** 상위법은 하위법보다 먼저 적용되는 원칙입니다. 헌법은 모든 법률보다 우선하며, 법률은 그보다 하위인 시행령보다 우선적으로 적용됩니다.
- **헌법:** 우리나라의 '최고의 법'으로, 국가의 **통치구조**와 국민의 권리·의무에 대한 내용을 담고 있습니다. 모든 법률은 헌법이 정한 범위를 벗어날 수 없습니다.

모든 법에는 '상위법 우선의 원칙'이 적용되어야 합니다. 법이 워낙 다양하고 복잡하기 때문에 서로 다른 법 사이의 내용이 충돌하는 경우가 생길 수 있어요. 이럴 경우 적용되는 것이 '상위법 우선의 원칙'입니다.

통치구조
나라를 다스리는 사람들이 누구이고, 그 사람들이 어떤 일을 하는지를 정해 놓은 틀이에요.

'우리 학급에서만이라도 스마트폰 사용을 허용하자.'라는 심술이의 주장은 학급 규칙에 대한 것이기는 하지만, 스마트폰 사용을 금지하고 있는 학교 규칙과 충돌하고 있네요. 상위법 우선의 원칙에 따른다면, 심술이의 주장은 받아들여질 수 없습니다. 상위법에 해당하는 '학교 규칙'이 우선 적용되기 때문이지요.

이랑이가 비유한 것처럼 학급 규칙을 '법률'이라고 본다면, 학교 규칙은 그보다 우선하는 '헌법'이라고 볼 수 있어요. 여러분은 이미 5학년 사회 교과 학습을 통해 헌법에 대해 배운 적이 있을 것입니다. 배운 내용을 다시 떠올려 볼까요? '법 중의 법' 혹은 '최고의 법'이라고 불리는 헌법은 모든 법률의 기초이자 원칙이 되어야 합니다. 어떤 법도 헌법에서 정해 놓은 원칙을 어길 수 없지요. 만약 어떤 법률이 헌법을 위반한다면, 그 법률은 효력을 잃게 됩니다.

 ## 법령의 우선순위를 정리하기

  법령에는 위아래가 있습니다. 헌법은 어떤 법보다도 우선하는 가장 상위의 법이며 그 아래로 법률과 조약, 대통령령, 총리령이나 부령, 행정규칙과 자치법규가 있답니다.

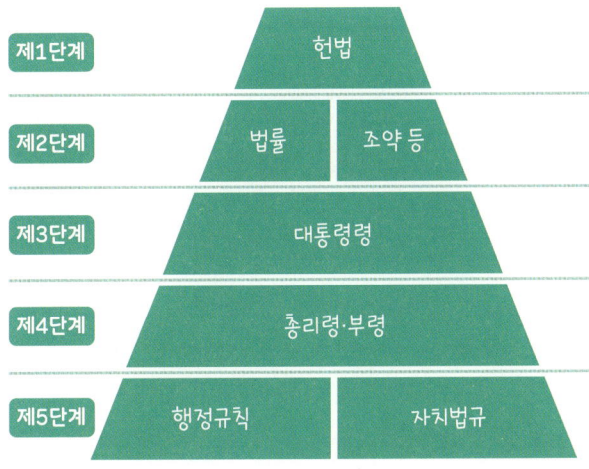

활동 1. 아래는 '법령정보센터'에서 찾을 수 있는 다양한 법령입니다. 법령을 분류하여 해당되는 단계에 맞게 옮겨 써 봅시다.

- 대한민국 헌법 ・ 형법 ・ 민법 ・ 초·중등교육법
- 초·중등교육법 시행령 ・ 초·중등교육법 시행규칙
- 교원의학생생활지도에 관한 고시

1단계:
2단계:
3단계:
4단계:
5단계:

정답

· 1단계: 대한민국 헌법 · 2단계: 형법, 민법 · 3단계: 초·중등교육법 · 4단계: 초·중등교육법 시행령 · 5단계: 교원의 학생생활지도 를 위한 고시

> 읽을 거리   **헌법재판소는 무슨 일을 하나요?**

  헌법재판소는 첫째, 다양한 법률이 우리나라 최고의 법인 헌법에 위반되는지 여부를 판단하는 역할을 합니다. 국민의 대표인 국회에서 만든 법률이라고 할지라도, 간혹 최상위 법인 헌법에 어긋나는 경우가 있답니다. 헌법재판소가 법률의 효력이 없다고 판단하게 되면, 국회는 다시 법을 개정해야 해요. 헌법재판소의 이러한 심판을 '위헌법률심판'이라고 합니다.

  두 번째로, 헌법재판소는 국가권력이 국민의 기본권을 침해하는지 여부를 판단하기도 합니다. 예를 들어 국가가 의무적으로 여러분을 학교에 다니도록 하는 것이 기본권 침해라고 생각한다면, 헌법재판소의 판단을 받아볼 수 있습니다. 이러한 제도를 '헌법소원'이라고 합니다.

  또한 헌법재판소는 대통령과 같은 고위 공무원이 헌법이나 법을 어긴 경우, 그 자리에서 물러나도록 하는 '탄핵심판'을 할 수 있습니다. 우리나라도 최근까지 두 명의 대통령이 탄핵심판으로 대통령 자리에서 물러났던 사례가 있었지요.

  그밖에도 헌법재판소는 헌법에 어긋나는 활동을 하는 정당을 해산시키거나(정당해산심판), 국가기관과 지방자치단체 간에 발생한 권한 다툼을 해결하는 일(권한쟁의심판)도 한답니다.

  헌법재판소에서 결정하는 일들은 매우 중요한 사안이므로, 아홉 명의 재판관이 함께 의견을 모아 결정하도록 되어 있습니다. 이 아홉 명의 재판관을 '헌법재판관'이라고 부르며, 대통령이 세 명, 국회에서 세 명, 대법관이 세 명을 각각 임명하여 공정성과 중립성을 유지하려 노력하고 있습니다.

학급 규칙에 대한 갈등과 권한

학교와 학급 규칙에 대한 논쟁은 며칠 동안 계속되었어요. 이 뜨거운 논쟁이 이어진 이유는 끝까지 포기하지 않는 심술이 때문이었답니다.

"야, 박심술. 이제 그만 좀 해라."

"이랑이 말이 맞아. 이쯤이면 포기해야 하는 거 아니야?"

아직도 스마트폰 사용에 미련을 버리지 못하는 심술이에게 이랑이와 친구들이 걱정과 불만이 섞인 목소리로 말했지요.

"내가 전교학생회장 선거에 나가지 못한 것이 아쉬워. 내가 전교학생회장이었다면 학교 규칙을 미리 바꿨을 텐데……."

심술이는 학급 규칙을 바꾸지 못한 것이 아쉬워서, 아예 학교 규칙을 바꿨어야 했다는 생각까지 하고 있었지요.

'역시, 심술이는 포기라는 걸 모르는구나. 아직은 그저 고집일 수도 있지만, 잘 활용하면 큰일을 해낼 수도 있겠어.'

이랑이는 심술이의 고집이 걱정되면서도, 언젠가 큰 장점으로 발휘될 수 있을 거라고 생각했어요.

***

며칠이 지난 후, 여느 때처럼 평화롭던 점심시간이 심술이와 학급회장인 수진이의 다툼으로 아수라장이 되어가고 있었어요.

"이건 말도 안 돼! 네가 학급회장이면 다야?"

"말이 왜 안 돼? 선생님께서도 분명 선생님이 안 계실 때는 나보고 교실을 책임지라고 하셨어!"

학급회장인 수진이는 심술이와 지난 학급 회의 이후 자주 마찰을 빚어 왔어요. 수진이는 심술이가 말도 안 되는 의견을 제시해서 임원들이 곤욕을 치른다고 생각했고, 그래서인지 심술이가 무슨 말만 하면 항상 딴지를 걸었지요. 그러다 점심시간에 청소를 하지 않고 놀고 있는 심술이에게 수진이가 직접 벌점을 주었고, 심술이는 매우 화가 난 상태였어요.

"야, 박심술. 맨날 우기지만 말고 근거를 말해 봐, 근거를. 다들 청소해야 하는 시간에 너 혼자 노는 게 잘못이라는 생각을 왜 못

해?"

"그래도 벌점은 선생님께서 주시는 거야. 네가 뭔데 나한테 벌점을 줘?"

둘 사이의 갈등은 해결되기는커녕 더욱 심해지고 있었어요. 이대로 두었다가는 정말 큰일이 날 것 같았지요. 보다 못한 이랑이가 나서서 두 친구를 진정시켰어요.

"일단 둘 다 진정해. 심술아, 얼른 같이 청소하자. 수진이 너도 이제 그만해. 선생님께서 오셨을 때 말씀드리면 되잖아."

"야, 임이랑. 너도 결국 맨날 같이 어울리는 심술이 편을 들려는 거 아니야?"

이랑이는 수진이의 말에 자기도 모르게 화가 솟구치는 것을 느꼈어요. 그러나 겨우 진정하고 다시 좋은 말로 설명하려던 찰나, 수진이가 이랑이의 말을 끊고 말했어요.

"어차피 선생님께 말씀드리는 것도 내 역할이야. 너희는 상관하지 마."

'내가 초등학생 때문에 화가 날 줄이야……. 어른이니까 참는 줄 알아. 네가 왜 잘못한 건지 정확하게 알려줄게! 리걸 마인드!'

이랑이가 알려주는 삼권분립

- **삼권분립**: 국가의 권력이 한곳에 집중되지 않도록 나누는 것을 '삼권분립'이라고 합니다. 우리나라는 국가의 권력을 입법부, 사법부, 행정부로 나누었으며, 이를 삼권분립 제도라고 합니다.
- **사법부**: 법원을 뜻합니다. 법을 해석하고 적용하며, 국민의 기본권을 보장하는 역할을 합니다.
- **입법부**: 입법부는 국회를 말하며, 법을 만드는 역할을 합니다. 또한, 대통령과 정부가 올바르게 일을 하고 있는지 감시하는 역할도 합니다.
- **행정부**: 행정부는 흔히 '정부'라고 부르는 기관입니다. 대통령, 국무총리, 그리고 각 부서의 장관으로 구성되며, 국회에서 만든 법률에 따라 나라의 살림을 운영합니다. 또한, 국회에서 만든 법이 나라를 운영하는 데 적합하지 않다고 판단하면 거부할 권한도 있습니다.

 삼권분립이란 국가를 운영하는 중요한 일을 여러 기관이 나누어 맡음으로써 권력을 분산시키는 원칙을 말합니다. 삼권분립은 민주적인 정치 원리 중 하나이며, 권력이 한 기관에만 집중되어 국민의 권리와 자유를 해치거나 독재가 일어나는 것을 막기 위해 꼭 필요한 원칙이랍니다. 권력이 특정 기관이나 한 사람에게 집중된다면, 잘못된 판단 하나로 국민 전체와 국가가 위기에 빠질 수도 있기 때문이지요.
 우리나라는 헌법과 법률에 따라 나라

법치주의
모든 사람이 법에 따라 행동해야 한다는 원칙을 말해요.

가 운영되는 **법치주의** 국가이므로, 가장 중요한 권력은 '법'으로부터 나온다고 할 수 있어요. '어떤 법을 만들까?', '어떻게 법을 집행할까?', '어떤 기준으로 법을 판단할까?'라는 질문이 매우 중요한 이유도 여기에 있습니다.

그런데 이 세 가지 역할을 모두 한 기관이나 한 사람이 담당한다면 어떤 일이 벌어질까요? 모든 권력이 집중되면서 특정 기관이나 한 사람의 판단에 따라 나라가 **좌지우지**될 위험이 생깁니다. 이를 예방하기 위한 것이 바로 삼권분립의 원칙이며, 우리나라는 법을 만드는 입법부, 나라의 살림을 맡는 행정부, 법을 집행하고 판단하는 사법부로 나누어 권력과 권한, 책임 등을 분산하고 있답니다.

좌지우지
자신의 마음대로 다루거나 통제하는 것을 말해요.

이랑이가 화가 난 이유도 바로 여기에 있습니다. 학급회장인 수진이는 학급의 일을 수행하는 책임자이므로 행정부의 역할에 빗댈 수 있어요. 또한, 학급 규칙을 정하는 학급 회의를 주도하므로 입법부의 역할도 동시에 하고 있지요. 그런데 본인이 직접 친구의 잘못을 지적하고 벌칙을 내리는 것은 법을 집행하는 사법부의 권한까지 행사하려는 행동이에요. 일반적으로 교실에서 학급 규칙에 따른 판단은 선생님께서 하는 경우가 많지요.

만약 수진이가 혼자서 입법부, 행정부, 사법부의 역할을 모두 행사한다면 어떻게 될까요? 아무도 수진이를 견제할 수 없게 되고, 결국 '수진이만의 학급'이 되어 버릴 거예요.

더욱 심해지는 갈등, 무너지는 교실의 질서

수진이와 심술이의 다툼으로 시작된 갈등은 좀처럼 해결될 기미가 보이지 않았어요. 오히려 수진이를 옹호하는 친구들과 이랑이를 지지하는 친구들로 편이 나뉘면서 갈등의 골이 더욱 깊어지고 있었지요.

'이러다가 정말 회복할 수 없을 정도로 관계가 틀어질지도 몰라. 좋은 방법이 없을까?'

이랑이는 선생님의 눈치를 여러 번 살폈지만, 선생님은 '이미 다 알고 있다.'라는 표정을 지으시면서도 이 문제에 대해 아무런 말씀도 하지 않으셨어요. 이런 선생님의 태도에 이랑이는 더욱 답답해졌지요.

***

그러던 어느 날, 결국 걱정했던 상황이 벌어지고야 말았어요.
"네가 무슨 독재자야? 왜 네 마음대로 학급 규칙을 바꿔?"

심술이가 또 수진이에게 따지고 있었어요. 이번에는 정의도 심술이의 의견에 동조하며 말했지요.

"심술이의 말이 맞아. 지난번 학급 회의에서 결정한 내용이면 우리 모두 함께 지켜야 하는 것이 당연하잖아."

수진이가 지난 학급 회의에서 결정된 '1인 1역' 규칙을 받아들이지 않고, 본래 방식대로 유지하려 했기 때문에 다툼이 또 생기고야 말았던 것이지요.

"역할에 적응하려면 최소 1주는 필요한데, 매주 변경하면 불편하잖아. 그래서 원래 하던 대로 한 달에 한 번만 바꾸는 걸로 결정한 거야. 학급 회장이 친구들 의견을 반영해서 규칙을 변경하려고 하는데, 뭐가 문제야?"

"수진이 말이 맞아. 일주일마다 바꾸는 건 너무 번거롭다고."

'우리 모두가 뽑은 회장이니 존중해야 한다.'라는 의견과, '정해진 규칙을 자기 마음대로 바꾸는 건 잘못된 일이다.'라는 의견으로 나뉘면서 또다시 갈등이 심해졌어요. 그러나 수진이는 자기와 다른 의견에는 귀 기울이지 않은 채 거리낌 없이 계속 자신의 의견만을 주장했어요.

"억울하면 네가 직접 선생님께 말씀드려 봐. 난 하나도 무섭지 않아."

"그래? 네가 아직 포기를 모르는 사나이, 박심술을 잘 모르는

구나. 나도 억울한 건 절대 못 참거든. 두고 봐."

심술이는 무언가 큰 결심을 한 듯 다툼을 멈추고 자리로 돌아갔어요. 지켜보던 친구들도 이제는 조금 지쳤는지, 더 이상 싸우지 않고 다툼이 끝나기만을 바라는 눈치였어요.

'수진이의 잘못은 분명하지만, 박심술. 포기할 줄 모르는 정신력을 이런 상황에서 내세울 건 아닌데······. 도대체 무슨 생각으로 두고 보자고 했을까?'

이랑이는 걱정되는 마음과 궁금한 마음이 뒤섞인 채 조심스럽게 심술이를 살폈어요. 그런데 심술이가 무언가를 열심히 적고 있는 것을 보고 깜짝 놀라고 말았지요. 심술이가 적고 있는 종이에는 '학급회장 교체 요구'라는 커다란 글씨가 선명하게 적혀 있었어요.

'우와! 선생님께서 어떻게 받아들이실지 너무 궁금한걸! 리걸 마인드!'

***

권력의 집중을 예방하고 국민의 자유와 권리를 보장하기 위한 우리나라의 삼권분립 원칙은 민주 정치의 역사와 함께 계속 발전해 왔습니다. 삼권분립의 핵심은 권력을 나누는 것인데, 입법부, 사법부, 행정부로 나누는 것 외에도 다양한 견제 장치가 있으며, 그중 대표적인 것이 대통령의 법률안 거부권, 국회의 국정 감사권과 탄핵 소추권입니다.

이랑이가 알려주는 권력 분립의 원리

▶ **법률안 거부권**: 국회에서 정한 법률을 대통령이 승인하지 않고 거부하는 권한을 말합니다. 행정부의 수장인 대통령이 국회를 견제할 수 있는 권한이지요.

▶ **국정 감사권**: 국회가 정부의 나라 살림 운영 전반을 감시할 수 있는 권한을 말합니다. 국회는 행정부가 올바르게 일을 하고 있는지 자세히 살피며, 정부 부처가 나라 살림을 독단적으로 운영하지 못하도록 견제합니다.

▶ **탄핵 소추권**: 대통령을 포함한 고위 공직자가 헌법을 위반했다고 판단될 경우, 헌법에서 정한 절차에 따라 책임을 묻고 직무를 정지시킬 수 있는 국회의 권한을 말합니다. 헌법 위반 여부와 책임은 헌법재판소에서 최종적으로 판단합니다.

정부 부처
정부의 여러 기관이나 부서를 의미해요.

독단적
남의 의견을 듣지 않고, 자기 마음대로 판단하고 행동하는 것을 말해요.

소추
잘못을 저지른 사람에게 법적으로 책임을 묻는 것을 말해요.

이런 권력 분립의 원리를 교실에 그대로 적용해 본다면, 학급에서 정해 놓은 규칙을 거부하는 수진이의 행동도, 이를 문제 삼아 학급회장 교체를 요구하는 심술이의 행동도 서로의 권한과 책임을 견제하기 위한 행동으로 볼 수 있습니다.

그러나 권한과 책임은 규칙에 명시되어 있어야 하며, 정당한 권한이라 할지라도 이를 행사할 때에는 명확한 근거와 이유가 필요합니다.

　수진이와 심술이의 태도와 행동을 여러분은 어떻게 생각하나요?

민주적인 태도의 가치와 소중함

　"선생님이 요 며칠 여러분을 지켜본 결과, 더 이상 보고만 있을 수 없어서 지금 진지하게 이야기해 보고자 합니다."

　선생님의 말씀을 듣고, 교실은 금방 숙연한 분위기로 바뀌었어요. 아이들 모두 숨을 죽인 채, 선생님께서 어떤 말씀을 하실지 촉각을 곤두세우고 있었지요.

　"여러분에게 학생 대표를 뽑는 선거와 학급을 운영하는 경험을 하게 하는 이유는, 민주적 절차와 가치의 소중함을 직접 느낄 기회를 제공하기 위해서입니다."

　'민주적 절차와 가치'라는 말이 나오자, 아이들은 자연스럽게 고개를 숙일 수밖에 없었어요.

　"그러나 지금은 각자 개인의 주장만을 강조하며, 상대방의 의견이나 생각은 전혀 들으려 하지 않는 것처럼 보입니다. 요 며칠 동안 갈등과 다툼이 해결되지 않는 이유가 바로 거기에 있는 것이지요."

 자신의 의견만 고집했던 수진이도, 학급회장 교체를 요구했던 심술이도 입술을 깨물며 반성하는 표정을 지었어요.

 "그래서 여러분에게 딱 이틀 동안만 기회를 주려고 합니다. 이틀 동안 이번 일에 대한 반성과 앞으로의 다짐을 이 쪽지에 적어 교실 뒤편의 '생각 나무'에 붙이도록 하세요. 생각 나무에 걸린 글을 보고, 선생님이 다음 일을 판단하도록 하겠어요."

 아이들은 어리둥절한 표정으로 서로를 쳐다보았고, 심술이가 손을 번쩍 들고 질문했어요.

 "선생님, 익명으로 쓰는 것이지요?"

 "아니요. 자신의 이름을 쓰고, 당당하게 자신의 생각과 다짐을 적으세요."

 익명으로 쓰려고 했던 아이들은 내심 걱정되는지 한숨을 푹 쉬었어요. 선생님의 안내를 들은 이랑이는 마음속으로 생각했어요.

 '선생님께서 우리가 쓴 글을 보고 판단하시겠다고 하셨지만, 진짜 원하시는 건 글이 아닌 것 같은데……'

 학생들은 선생님의 안내를 받은 후, 한동안 쉽게 쪽지를 쓰고 붙이지 못했어요. 무슨 말을 써야 할지 망설여졌기 때문이지요. 그런데 심술이가 가장 먼저 쪽지를 붙였고, 이에 질세라 수진이도 바로 쪽지를 붙였어요.

수진이가 아무 이유 없이 학급 회의에서 결정한 내용을 지키지 않는다고 생각한 것을 반성한다. 앞으로는 상대방의 주장에 대해 이유와 근거가 무엇인지 충분히 듣고 판단할 것이다.

박심술

학급회장의 역할을 제대로 이해하지 못했던 것을 반성한다. 그리고 오해로 인해 심술이와 친구들에게 상처를 준 것 같아 미안하다. 앞으로는 어떤 결정이나 판단을 할 때 상대방의 입장을 충분히 고려할 것이다.

이수진

다툼과 갈등의 중심에 있었던 두 친구가 먼저 반성과 앞으로의 다짐을 적은 쪽지를 붙이자, 이후에는 모두 망설임 없이 솔직한 마음과 생각, 다짐을 쓰고 붙이기 시작했지요. 그리고 선생님은 이 쪽지를 한동안 게시판에 그대로 붙여 두었습니다.

대한민국 헌법 제1조에는 다음과 같이 명시되어 있습니다. 1항 '대한민국은 민주공화국이다.', 2항 '대한민국의 **주권**은 국민에게 있고, 모든 권력은 국민으로부터 나온다.' 이 두 조항이야말로 대한민국을 다

> **주권**
> 나라를 다스리는 가장 높은 권력을 말해요.

이랑이가 알려주는 민주주의의 기본 원리와 가치

▶ **민주주의**: 민주주의란 사회를 구성하는 모든 사람이 평등하게 의사결정에 참여하는 정치의 형태입니다. 민주주의 이념은 인간의 존엄성 실현을 목표로 하며, 자유와 평등의 가치를 매우 중요하게 여깁니다.

▶ **민주주의의 기본 원리**: 민주주의는 '나라를 다스리는 힘은 국민으로부터 나온다.'라는 원리를 기본으로 합니다. 또한, 선거라는 공정한 방식으로 대표를 선출하며, 권력을 여러 기관으로 나누어 권력의 집중과 독재를 예방함으로써 국민의 자유와 권리를 보호합니다.

이념
어떤 사상이나 가치의 기본이 되는 생각을 말해요.

존엄성
함부로 대하면 안 되는 소중한 성질을 뜻해요.

스리는 방식이 민주주의의 기본 원리에 따라 이루어져야 하는 근거이지요. 또한, 민주주의의 원리와 가치는 전 세계에서 가장 많은 나라들이 채택한 정치 이념이기도 합니다.

그렇다면 민주주의의 원리와 가치는 왜 중요할까요?

민주주의는 소수 권력자의 지배가 아닌 다수의 지배를 원칙으로 하며, 자유와 평등을 보장하고 인간 존엄성을 존중하기 때문입니다. 만약 소수에게만 권력이 집중되고 특정 집단만이 정치에 참여한다면, 국민 모두가 존중받지 못하고 자유를 제한받을 수도 있습니다.

이미 우리나라뿐만 아니라 세계 여러 나라의 역사에서, 민주주의가 제대로 지켜지지 않았을 때 심각한 비극이 발생했던 사례를 찾아볼 수 있습니다. 그래서 최근 대부분의 선진국은 민주주의의 기본 원리와 가치를 존중하고 있답니다.

　또한, 민주주의는 정치뿐만 아니라 우리의 일상생활에도 큰 영향을 미칩니다. 예를 들어, 평소 다수의 의견을 존중하고, 서로 의견이 다를 때 충분히 대화하는 태도라든지, 개인의 사생활을 보호하고 소중하게 여기는 태도 등이 민주주의의 기본 원리가 생활 속에서 적용되는 사례이지요. 그래서 담임선생님께서는 학생들이 스스로 자신의 행동을 반성하고, 앞으로의 다짐을 통해 민주적 절차와 가치를 존중하는 태도를 기를 수 있도록 기회를 주신 것입니다.

과제활동 누구의 역할인지 분류해 봐요

활동 1. '삼권분립'이란 입법부, 사법부, 행정부로 권한과 권력을 나누는 것을 말합니다. 아래는 입법부, 사법부, 행정부에서 하는 일을 구분 없이 나열해 놓은 것입니다. 각각의 역할과 권한을 담당하는 기관을 골라 기호를 써넣으세요.

㉠ 새로운 법을 만들거나 본래 있던 법을 바꾸는 일
㉡ 어떤 사람이 범죄를 저질렀는지 판결하는 일
㉢ 법률에 의해 정해진 국가 예산을 집행하는 일
㉣ 국정감사를 통해 정부를 감시하는 일
㉤ 이미 만들어진 법이 헌법에 위반되는지 판단하는 일
㉥ 복지정책을 통해 국민을 돌보는 일
㉦ 사람들 간의 분쟁이 발생했을 때 판결하는 일
㉧ 다른 나라와 정치적, 경제적, 문화적 관계를 맺는 일
㉨ 고위 공직자가 헌법을 위반했을 때 탄핵소추하는 일

행정부

입법부

사법부

• 발칭부 ㉠ ·ㅂ ·ㅁ ㉡ 입법부 ㉢ ·ㄴ ·ㄹ ㉣ 사법부 ㉤ ·ㅁ ·ㅅ

정답

읽을 거리 세 번의 대통령 탄핵

우리나라에서도 실제로 대통령이 탄핵된 사례가 있었다는 것을 알고 있나요? 2004년 3월 12일, 국회는 당시 제16대 대통령이던 노무현 대통령이 선거에서 공정하게 행동해야 하는 의무를 어겼다는 이유 등으로 탄핵 소추를 결정했습니다. 대통령이 탄핵 소추되면, 헌법재판소가 결정을 내릴 때까지 대통령의 권한이 정지되고, 직무를 수행할 수 없습니다.

당시 노무현 대통령도 탄핵 심판을 받는 동안 직무가 정지되었습니다. 2004년 5월 14일, 헌법재판소는 노무현 대통령의 탄핵 사유가 충분하지 않다고 판단하여, 국회의 탄핵 소추를 받아들이지 않았습니다.

반면 2016년 12월 9일, 제18대 대통령이었던 박근혜 대통령은 권한을 함부로 사용했다는 등의 이유로 탄핵 소추되었습니다. 그 후 헌법재판소는 여러 차례 심리를 거쳐 2017년 3월 10일, 박근혜 대통령의 탄핵을 최종적으로 인정했고, 결국 박근혜 대통령은 직위에서 물러나게 되었습니다. 당시 박근혜 대통령은 임기 5년을 채우지 못한 상태에서 자리에서 물러나게 되었으며, 이에 따라 제19대 대통령 선거가 본래 계획보다 앞당겨 치러졌습니다.

제20대 대통령인 윤석열 대통령도 2024년 12월 14일 헌법과 법률에 위반하여 비상계엄을 선포했다는 등의 이유로 탄핵 소추되었습니다. 헌법재판소는 여러 차례 심리를 거쳐 2025년 4월 4일 윤석열 대통령의 탄핵을 **인용**했고, 결국 윤석열 대통령도 임기를 채우지 못하고 대통령직에서 물러나게 되었답니다.

인용
법원이 어떤 청구나 주장을 받아들인다는 뜻입니다.

큰 죄를 저지르면 목숨을 빼앗아도 될까?

최소한의 기본권도 보장받지 못하는 사람들

아직 더위가 채 가시지 않은 초가을이었어요. 이랑이와 친구들은 창문을 열어 두고 수업에 집중하고 있었지요.

"오늘 사회 시간에는 북한의 사회 모습에 대해 알아보도록 하겠습니다. 먼저 영상을 함께 볼게요."

담임 선생님께서는 북한 사람들의 생활을 담은 영상을 보여주셨습니다. 영상 속 북한 주민들은 마음대로 여행을 가지도, 이사를 하기도 어려웠습니다.

"선생님, 아무리 독재자라고 하더라도 사람들이 자유롭게 돌아다니지도 못하게 하는 건 너무 심한 거 아니에요?"

정의가 두 주먹을 불끈 쥐고 말했습니다.

"맞아요. 우리 국민들에게는 '거주 이전의 자유'가 당연하게 보장되지만, 북한 사람들에게는 보장되지 않는답니다. 우리 국민들과 달리 북한 국민은 또 어떠한 권리를 누리지 못할까요?"

선생님께서는 학생들이 스스로 북한과 우리나라의 차이점을 생각해 보길 바라셨지요.

"우리 반에는 평등이가 있는데, 북한에는 없어요!"

심술이의 엉뚱한 말에 선생님은 잠시 미소를 지으셨지만, 이내 진지한 표정으로 말씀을 이어 가셨어요.

"맞아요. 심술이가 말한 것처럼, 북한 주민들은 평등하지 않죠. 권력자들은 돈도 많이 벌고 편하고 자유롭게 살지만, 일반 주민들은 아무리 열심히 일해도 재산을 모을 수 없답니다. 우리 국민이라면 누구나 보장받는 '평등권'이 북한 사람들에게는 적용되지 않는 것이죠."

"선생님, 우리가 누리는 권리에는 또 어떤 것들이 있는지 알고 싶어요. 모르고 있으면 그 소중함을 느끼기 어렵잖아요."

'평등이와 친구들 모두 너무 기특해. 이번 기회에 기본권의 중요성을 꼭 알게 되면 좋겠다! 리걸 마인드!'

이랑이가 알려주는 헌법상의 기본권

▶ **기본권:** 국민이 반드시 보장받아야 하는 가장 기본적인 권리입니다. 우리나라는 헌법에 국민의 기본권을 정해두었으며, 국가는 국민의 기본권을 보호할 의무가 있습니다.

▶ **헌법에서 보장하는 기본권:** 우리나라 헌법에서 보장하는 기본권에는 인간의 존엄과 가치, 행복추구권, 평등권, 자유권, 참정권, 청구권, 사회권 등이 있습니다.

※ 대한민국헌법 제2장 국민의 권리와 의무 참조

우리나라 헌법 제10조에는 다음과 같이 명시되어 있습니다.

"국가는 개인이 가지는 침해할 수 없는 기본적 인권을 확인하고 이를 보장할 의무를 가진다."

즉, 국가는 국민의 기본권을 보호해야 할 뿐만 아니라, 국민의 기본권을 적극적으로 실현할 의무도 가지고 있습니다. 오늘날의 국가는 국민이 기본권을 침해당하지 않도록 보호하는 것에서 더 나아가, 국민이 기본권을 온전히 누릴 수 있도록 적극적으로 지원할 책임까지도 지고 있는 것입니다.

그렇다면 국민으로서 기본적으로 누려야 할 권리에는 어떤 것이 있을까요? 우선 '인간의 존엄과 가치 및 행복추구권'이 있습니다. 모든 인간은 인간이라는 이유만으로 존중받아야 하며, 행복을 추구하며 살아갈 수 있는 권리를 가지고 있다는 뜻입니다. 또한, 인종, 성별, 종교, 신분, 장애 등에 의해 부당하게 차별받지 않고 동등하게 대우받을 권리인 '평등권'이 있으며, 신체의 자유, 종교의 자유, 직업 선택의 자유 등 자유로운 생활을 보장하는 '자유권'도 보장합니다.

더 나아가 국민이 정당을 설립하거나 정치에 참여할 수 있는 '참정권'이 있고, 국가에 재판을 요청하거나 정당한 보상을 요구할 수 있는 '청구권'도 있습니다. 끝으로 쾌적한 환경에서 생활할 권리, 일할 권리, 교육받을 권리 등 인간다운 삶을 보장받을 수 있는 권리인 '사회권'이 있습니다.

기본권을 제한할 수 있을까?

"심술아, 스마트폰 제출해야지!"
"싫어! 내 기본권을 침해하지 마!"
교실 앞쪽에서 회장과 심술이가 실랑이를 벌이고 있었어요.
"심술아, 무슨 일이야?"
이랑이가 심술이를 달래러 출동했습니다.
"나는 오늘부터 스마트폰을 안 낼 거야. 어제 선생님께서 기본권이 얼마나 중요한지 설명해 주셨잖아? 학교가 스마트폰을 강제로 걷는 것은 내 자유권과 행복추구권을 침해하는 거라고!"

심술이가 어깨를 으쓱하며 말했습니다.

"심술아, 너는 기본권이 절대로 제한될 수 없다고 생각하는 거야?"

이랑이가 어이없는 표정으로 심술이에게 물었습니다.

"당연하지! 국가에는 국민인 나의 기본권을 보호해 줘야 할 의무가 있다고. 이랑이 너는 어제 수업을 열심히 안 들었구나?"

'얘가 아직도 스마트폰 사용을 포기하지 못하네. 심술아, 기본권은 일정한 경우에 제한될 수도 있는 거라고! 리걸 마인드!'

이랑이가 알려주는 기본권의 제한

▶ **기본권의 제한:** 기본권의 제한이란 헌법상 보장된 국민의 기본권을 일부 또는 전부 제한하는 것을 뜻합니다.

▶ **기본권 제한의 한계:** 국민의 기본권은 국가 안전보장, 질서 유지, 공공복리를 위해 필요한 경우에만 법률로 제한할 수 있습니다. 그러나 제한하는 경우에도 자유와 권리의 본질적인 내용을 침해해서는 안 됩니다.

※ 대한민국 헌법 제37조 제2항 참조

국민의 기본권은 함부로 침해하거나 제한할 수 없는 소중한 권리입니다. 그러나 국민 모두가 자신의 기본권을

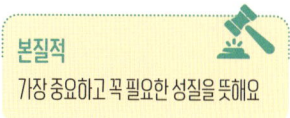

본질적
가장 중요하고 꼭 필요한 성질을 뜻해요

아무런 제한 없이 누리게 된다면, 우리 사회는 혼란에 빠질 수도 있습니다.

예를 들어, 심술이가 자신의 '자유권'과 '행복추구권'을 마음껏 누리기 위해 수업 시간에도 스마트폰을 사용할 수 있다고 생각해 볼까요? 심술이는 수업에 집중하지 못하고 게임을 하게 될 것이고, 다른 학생들은 벨소리나 게임 소리 때문에 방해를 받게 되겠지요.

그래서 우리 헌법은 '국가의 안전보장을 위해서' 또는 '사회 질서를 유지하기 위해서' 또는 '공공의 이익을 위해서' 필요한 경우에 기본권을 제한할 수 있도록 정해 두었습니다. 다만, 기본권을 제한할 때도 함부로 제한하는 것이 아니라 '법률로써'만 제한할 수 있으며, 기본권의 본질을 침해할 수는 없습니다.

다시 심술이의 스마트폰 사용 문제로 돌아가 볼까요? 학교는 다른 학생들의 교육받을 권리를 보호하기 위해서, 심술이가 수업 중 스마트폰을 자유롭게 사용하지 못하도록 제한할 수 있습니다. 이때 학교가 스마트폰 사용을 제한하는 것은 초·중등교육법에서 학생들에 대한 생활지도 권한을 부여하고 있기 때문에 가능한 것입니다.

또한, 스마트폰 사용을 제한한다고 해도 심술이의 자유권과 행복추구권의 본질을 침해해서는 안 되기 때문에, 아예 스마트폰을 금지하는 것이 아니라 '수업 시간에만' 또는 '일과 중에만' 사용하지 못하도록 제한하는 것이랍니다.

어떤가요? 기본권을 제한해야 하는 이유와 그 한계에 대해 공감할 수 있나요?

절대로 침해할 수 없는 기본권

요즘 점심시간만 되면, 아이들은 경찰과 도둑 놀이를 하느라 바쁩니다. 술래가 눈을 감고 10까지 세는 동안 아이들은 숨을 곳을 찾아 흩어졌고, 술래는 숨은 친구들을 찾아내는 것이 규칙이었습니다. 평소와 다른 점이 있다면, 아이들이 벌칙을 만들었다는 거예요. 잡힌 도둑에게는 그날 정한 규칙에 따라 벌칙이 주어졌습니다.

술래가 눈을 감고 세기 시작하자, 아이들은 재빠르게 운동장 곳곳으로 흩어졌습니다.

심술이도 급하게 숨을 곳을 찾아 뛰었어요.

"셋, 넷, 다섯…."

그때, 운동장 한쪽에 서 있는 큰 나무가 눈에 들어왔습니다. 나무 뒤로 숨으러 달려가는데, 반대편에서 정의가 같은 나무로 달려오고 있었어요.

"열! 준비됐나요~?"

술래의 외침과 동시에 심술이는 황급히 방향을 틀었지만, 그만 정의의 발을 밟고 말았어요. 정의는 중심을 잃고 아스팔트 위로 넘어졌고, 무릎이 까져 빨간 피가 흘러내렸어요.

"아야!"

정의의 비명 소리에 모두가 놀이를 멈추고 달려왔습니다.

정의는 무릎에서 피가 나는 것을 보며 눈물을 뚝뚝 흘렸어요. 친구들은 심술이를 향해 손가락질했습니다.

"너 일부러 그랬지!"

친구 중 한 명이 소리쳤어요.

"심술이는 이제부터 경찰과 도둑 놀이에서 빼!"

다른 친구들도 한목소리로 동의했어요.

"심술이 너 억울해도 어쩔 수 없어. 한 번 실수하면 끝이지, 뭐. 친구를 다치게 하면 안 된다는 규칙을 어겼잖아."

심술이는 얼굴이 붉어지며 변명하려 했지만, 누구도 들으려 하지 않았어요. 그때, 평등이가 말했어요.

"얘들아, 아무리 화나도 다들 심술이에게 너무 심한 거 아니야?"

아이들이 일제히 평등이를 바라봤어요.

"누구나 실수는 할 수 있어. 그런데 단 한 번의 실수로 다시는 기회를 주지 않는 벌을 내린다면… 너무 무서운 일 같아."

이 말을 들은 이랑이는 혼자 생각했어요.

'맞아, 실제 사회에도 다시는 기회가 주어지지 않아서 문제인 벌이 있어. 바로 사형제도!'

이랑이가 알려주는 사형 제도

- **사형제도:** 사형제도란 범죄를 저지른 사람에게 내리는 가장 강력한 처벌로, 그 사람의 생명을 빼앗는 형벌을 말합니다. 우리나라에는 아직 사형제도가 법적으로 남아 있지만, 1997년 이후로 한 번도 사형을 집행하지 않고 있습니다.

사람을 해치거나 목숨을 빼앗는 등의 흉악한 범죄를 저지른 범죄자들에게는 매우 무거운 형벌이 내려집니다. 그중에서도 가장 무거운 형태의 형벌이 바로 '사형'입니다. 사형은 범죄자의 생명을 빼앗는 형벌이기 때문에 사형제에 대한 찬성과 반대 논쟁이 끊이지 않고 있답니다.

사형제도를 찬성하는 사람들은 사형이 있어야 흉악한 범죄를 예방할 수 있다고 주장합니다. 인간에게 가장 중요한 생명을 빼앗는 형벌이 존재해야, 범죄를 저지르려는 마음을 조금이나마 줄일 수 있다는 것입니다. 특히, 사람의 생명을 빼앗은 범죄자에 대해서는 그들의 생명을 빼앗는 것이 정의로운 처벌이라고 생각하는 경우도 있습니다.

반대로 사형제도를 반대하는 사람들은 사형이 인간의 생명을 소중하게 여겨야 하는 기본권의 정신과 맞지 않는다고 주장합니다. 인간의 기본권 중에 가장 기본인 생명권은 어떠한 경우에도 빼앗아서는 안 된다는 것입니다. 그리고 적은 확률이지만, 만약 죄를 짓지 않은 사람이 잘못된 재판으로 사형당하는 일이 생긴다면, 이는 돌이킬 수 없는 일이기 때문에 절대 있어서는 안 된다고 주장합니다.

우리 법원은 1997년 이후로 사형을 집행하지 않고 있어요. 아무리 국가권력이라고 할지라도 사람의 생명권을 침해하는 것은 옳지 않다는 판단 때문이지요.

과제활동 국민의 기본권과 의무

대한민국 헌법에서 보장하고 있는 국민의 기본권과 의무는 아래와 같습니다.

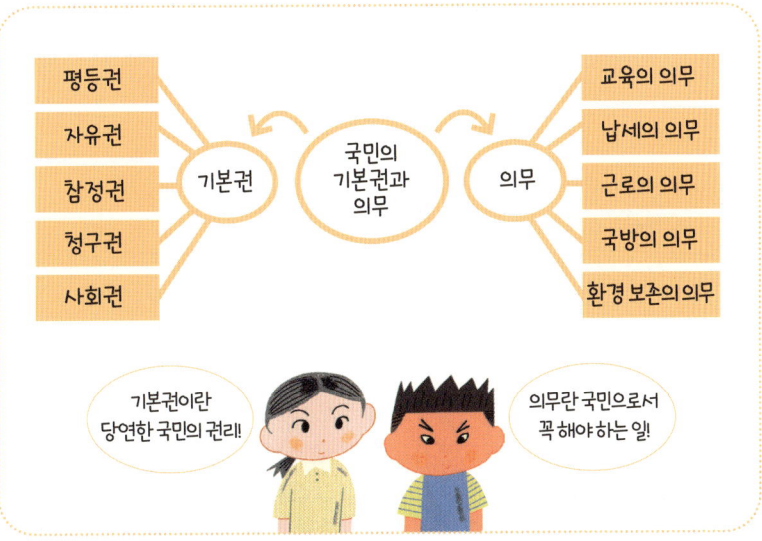

활동1. 아래는 헌법에 번호를 붙여 놓은 문장인 조문입니다. 각 조문과 관련된 기본권 또는 의무를 찾아 알맞게 써 넣으세요.

1. 대한민국 헌법 제14조
모든 국민은 거주 이전의 자유를 가진다.

2. 대한민국 헌법 제38조
모든 국민은 법률이 정하는 바에 의하여 납세의 의무를 진다.

3. 대한민국 헌법 제24조
모든 국민은 법률이 정하는 바에 의하여 선거권을 가진다.

4. 대한민국 헌법 제31조
2항. 모든 국민은 그 보호자는 자녀에게 적어도 초등교육과 법률이 정하는 교육을 받게 할 의무를 진다.

5. 대한민국 헌법 제35조
1항. 모든 국민은 건강하고 쾌적한 환경에서 생활할 권리를 가지며, 국가와 국민은 환경 보전을 위해 노력하여야 한다.

6. 대한민국 헌법 제26조
1항. 모든 국민은 법률이 정하는 바에 의하여 국가기관에 문서로 청원할 권리를 가진다.

정답: 1. 자유권 2. 납세의 의무 3. 참정권 4. 교육의 의무 5. 환경권(환경보전의 의무) 6. 청구권

읽을 거리   기본권의 충돌과 해결방안

   만약 기본권끼리 서로 충돌하는 상황이 발생한다면 어떻게 해야 할까요? 예를 들어 홍길동에게는 자신이 원하는 장소에서 자유롭게 담배를 피울 수 있는 자유권이 있습니다. 하지만 전우치에게는 간접흡연을 피할 권리가 있습니다. 이 경우 홍길동의 자유권과 전우치의 간접흡연을 피할 권리가 서로 충돌하게 되겠지요.

   헌법재판소는 홍길동이 원하는 장소에서 마음대로 담배를 피우는 자유권보다, 전우치가 담배 연기를 피할 권리가 더 중요한 기본권이라고 판단했습니다. 그 이유는 담배 연기를 피하는 것은 생명, 건강과도 관련이 있기 때문입니다. 따라서 헌법재판소는 금연구역을 지정하여 흡연자들이 특정 장소에서 담배를 피우지 못하도록 하는 것이 문제가 없다고 봤습니다.

   하지만 충돌하는 두 기본권이 최대한 보장될 수 있는 조화로운 해결 방법도 있습니다. 예를 들어, 우리 모두는 자신의 의견을 자유롭게 표현할 수 있는 '표현의 자유'가 있습니다. 만약 홍길동이 온라인에 전우치의 사생활과 관련된 이야기를 올렸다면, 그것 또한 홍길동의 '표현의 자유' 중 하나일 것입니다. 하지만 전우치는 자신의 사생활을 보호받을 권리인 '사생활의 비밀과 자유'를 가지고 있습니다. 이 경우 전우치는 포털사이트에 자신의 사생활과 관련된 내용에 대해 '임시차단 조치(블라인드 처리)'를 요청할 수 있습니다. 이러한 조치는 표현의 자유와 사생활 보호라는 두 기본권을 모두 최대한 존중하면서 해결하는 방법이라고 할 수 있습니다.

※ 헌법재판소 2024. 8. 26. 선고 2003헌마457 판결, 2012. 5. 31.선고 2010헌마88 판결 참조

우리에게 체육시간을 돌려주세요!

점심 식사를 마치고 5교시 체육 시간을 준비하던 중, 남자 친구들 몇 명이 심술이 주변으로 몰려들었어요.

"우와!"

몇몇 친구들이 감탄하자 관심 없던 친구들도 심술이 쪽을 바라보며 무슨 일인지 궁금해했지요.

"이게 말이야, 손흥민 선수가 신는 축구화란 말이지!"

심술이는 새로 산 축구화를 꺼내며 자랑했어요. 새 축구화인 것도 부러운데, 대한민국의 자랑스러운 축구선수 손흥민 선수가 신는 축구화라고 하니, 축구를 좋아하는 몇몇 친구들은 더욱 부

러워했지요.

"내가 오늘은 꼭 손흥민 선수처럼 골을 넣겠어!"

심술이가 새 축구화를 신으며 체육 시간을 준비할 때쯤, 갑자기 담임선생님께서 급히 교실로 들어오셨어요.

"여러분, 급하게 전달할 것이 있습니다. 미세먼지 수치가 갑자기 높아져서 운동장에서 체육을 할 수 없어요."

"아악! 안 돼!"

청천벽력 같은 소식에 심술이는 양손으로 머리를 붙잡고 소리를 질렀어요.

선생님은 축구화를 신은 심술이를 보고 무슨 일인지 대강 알겠다는 듯 멋쩍게 웃으셨어요.

"심술아, 다음에도 기회가 있잖아……. 너무 실망하지 마."

이 상황이 안타까웠던 평등이가 심술이를 다독였어요.

"이게 도대체 몇 번째야……."

심술이 만큼이나 축구를 좋아하는 정의도 교실에서 체육을 하게 된 것을 아쉬워했어요.

"그깟 미세먼지 좀 마시면 어때? 겨우 40분인데. 운동장에서 체육을 못하는 게 더 건강에 안 좋은 거 아니야?"

계속 툴툴대는 심술이를 보며, 이랑이가 속으로 생각했지요.

'너희 마음이 이해되지 않는 건 아니지만, 미세먼지는 생각보다 훨씬 더 위험하단다.'

이랑이가 알려주는 미세먼지법

▶ **미세먼지:** 미세먼지는 아주 작은 먼지로, 눈에 잘 보이지 않아요. 특히 입자의 크기가 10㎛(마이크로미터) 이하인 먼지를 미세먼지(PM-10)라고 하고, 2.5㎛ 이하인 먼지는 초미세먼지(PM-2.5)라고 해요. 초미세먼지는 몸속 깊이 들어올 수 있기 때문에 건강에 무척 해로워요.

▶ **미세먼지법:** 미세먼지는 사람들의 건강을 해칠 수 있기 때문에, 나라에서는 미세먼지를 줄이고 관리하는 법(미세먼지 저감 및 관리에 관한 특별법)을 만들었어요. 이 법은 공기를 깨끗하게 유지하고, 국민들이 더 쾌적한 환경에서 생활할 수 있도록 돕기 위해 제정되었어요.

※ 미세먼지 저감 및 관리에 관한 특별법 제1조(목적), 제2조(정의) 참조

보통 먼지는 공기 중에 떠다니거나 흩날리는 작은 물질을 말해요. 그런데 먼지 중에서도 특히 크기가 작은 먼지를 미세먼지 또는 초미세먼지라고 부르지요. 미세먼지는 머리카락보다도 훨씬 작고, 초미세먼지는 미세먼지보다도 네 배 이상 작은 먼지예요.

우리나라는 미세먼지가 건강에 해롭다는 사실을 뒤늦게 깨닫고, 2018년 8월에 '미세먼지법'을 만들었어요. 그리고 2019년부터 이 법을 시행했지요.

그런데 왜 작은 먼지가 더 위험할까요? 그 이유는 먼지가 작을수록 몸속으로 더 깊숙이 들어가기 때문이에요. 미세먼지는 호흡기를 통해 들어와 혈관을 타고 몸속을 돌아다니며 건강에 나쁜 영향을 줄 수 있어요. 특히 미세먼지는 황산염, 질산염, 탄소류 같은 우리 몸에 해로운 성분으로 이루어져 있어서 더욱 위험하답니다. 따라서 미세먼지 농도가 높은 날에는 야외 활동을 줄이고, 마스크를 착용해 몸을 보호하는 것이 중요해요.

헌법에서 보장하는 환경권

"딩동!"

수업이 모두 끝나고 집으로 가는 길이었어요. 여전히 풀이 죽어 있는 심술이를 보고, 이랑이가 어깨를 툭 치며 말했어요.

"야, 박심술. 이제 그만 기분 풀어. 미세먼지 없는 날에 신나게 축구하면 되잖아."

이랑이의 말을 듣고도, 심술이가 고개를 저으며 말했어요.

"이제 곧 날씨도 추워질 텐데……. 학교에서 축구를 즐길 기회가 많지 않단 말이야."

그러고 보니, 가을이 지나고 날씨가 추워지면 심술이 말대로 학교에서 축구를 할 기회가 점점 줄어드는 것이 사실이었지요. 이랑이는 심술이뿐만 아니라 축구를 좋아하는 다른 친구들도 같은 마음일 것이라 생각하며, 한 가지 아이디어를 떠올렸어요.

"그렇게 억울하면, 네가 직접 선생님께 말씀드려 봐."

갑자기 눈이 휘둥그레진 심술이가 이랑이에게 되물었어요.

"응? 그게 무슨 소리야? 내가 선생님께 말씀드려 보라니?"

이랑이는 초롱초롱한 눈빛을 되찾은 심술이에게 말했어요.

"근거를 잘 정리해서 말씀드리거나 편지를 써 보는 거야. 혹시 모르잖아? 이유가 타당하면 선생님께서 들어주실 수도 있고……."

옆에서 듣고 있던 정의가 걱정스러운 표정으로 말했어요.

"그런데 이랑아, 선생님께서 허락해 주실까? 운동장에 나갈 수 있는 시간도 정해져 있는데……."

이랑이는 속으로 생각했어요.

'쉽진 않을 거야. 하지만 이유를 잘 설명하면 가능할지도 모르지. 결국, 모든 것은 너희들 하기 나름이야. 리걸 마인드!'

이랑이가 알려주는 환경권과 환경정책기본법

▶ **환경권**: 국민들이 깨끗하고 건강한 환경에서 살아갈 수 있는 권리를 말해요. 대한민국 헌법 제35조에서는 "모든 국민은 건강하고 쾌적한 환경에서 생활할 권리를 가지며, 국가와 국민은 환경보전을 위하여 노력하여야 한다."라고 정하고 있어요. 깨끗한 공기와 물, 그리고 건강한 자연을 누릴 수 있도록 국가와 국민들이 함께 노력해야 한답니다.
▶ **환경정책기본법**: 모든 국민이 건강하고 쾌적한 삶을 누릴 수 있도록 환경오염과 환경 훼손을 막기 위한 국민의 권리와 의무, 그리고 국가가 해야 할 일을 정해 놓은 법이에요.

※ 환경정책기본법 제1조(목적) 참조

우리는 앞에서 국민에게 보장되는 기본권에 대해 배웠습니다. 이 중에서 사회권은 인간다운 생활을 할 권리로, 교육받을 권리, 근로의 권리, 노동 3권, 환경권, 보건권 등이 포함됩니다. 여기서 말하는 환경권은 대한민국 헌법 제35조에서 보장하고 있는 건강하고 쾌적한 환경에서 생활할 권리를 의미합니다.

우리나라는 환경권을 보장하기 위해 다양한 법률을 제정하였는데, 그중 대표적인 것이 '환경정책기본법'입니다. 환경정책기본법은 국가의 중요한 정책이나 분야에 환경보전의 원칙이 잘 반영될 수 있도록 여러 법령 사이를 연결하는 역할을 합니다. 특히 환경정책기본법은 기본법적인 성격을 가지기 때문에, 새로운 환경 관련 법률을 만들 때 반드시 환경정책기본법의 목적과 기본 원칙에 어긋나는 내용은 없는지 확인해야 합니다. 환경정책기본법에서는 환경오염이나 환경 훼손으로 인해 발생하는 갈등을 조정하고, 피해를 보상하는 규정도 마련해 두고 있어요. 예를 들어 어떤 공장에서 폐수를 방류해서 하천이 오염되었다면, 공장의 주인이 하천오염의 피해를 배상해야 하는 것이지요.

기본법
어떤 분야의 가장 기본이 되는 법을 말해요.

이랑이가 심술이에게 선생님을 설득해 보자고 제안한 것도 단순히 축구를 하고 싶다는 이유를 설명하려는 것이 아니었을 거예요. 운동장에서 체육활동이 자꾸 취소되면서 학생들이 겪는 어려움과 피해를 알리고, 해결 방법을 찾아보자는 의도가 아니었을까요?

다시 돌려받은 체육 시간

"한 가지 전달할 소식이 있습니다. 다들 주목해 주세요."

1교시 수업이 시작되기 전, 선생님께서 학생들에게 중요한 이야기가 있다고 하셨어요. 대부분의 친구들은 무슨 일인지 궁금해하는 표정이었지만, 이랑이는 내심 기대하는 것이 있었지요.

　　"선생님이 얼마 전에 우리 반 학생으로부터 편지를 한 통 받았어요. 요즘 미세먼지 때문에 운동장에서 체육을 하지 못한 것에 대한 이야기였지요."

　　선생님의 말씀을 들은 친구들은 모두 깜짝 놀랐어요. 편지를 쓴 사람이 누구인지 몰라 서로 말없이 주위를 둘러보고만 있었지요.

　　"그래서 선생님이 시간표를 조정해서 운동장에서 하지 못한 체육활동을 미세먼지 수치가 괜찮은 날에 할 수 있도록 하겠습니다."

　　"와아!"

　　친구들은 반가운 소식에 환호성을 질렀어요. 그러다 갑자기 정의가 손을 번쩍 들고 질문했어요.

　　"선생님, 그런데 편지를 쓴 사람이 누구인가요?"

　　환호성을 지르던 친구들은 갑자기 조용해졌어요. 다들 누가 그런 편지를 썼는지, 그리고 선생님을 어떻게 설득했는지 궁금했기 때문이었지요.

　　"글쎄……. 누굴까? 당연히 너희들 중 한 명이겠지? 자, 이제 시간이 되었으니 1교시 수업 준비하세요."

　　모든 친구들이 궁금해했지만, 1교시 수업이 시작될 시간이 되어 더 이상 물어볼 수 없었어요. 그러나 교실에서 딱 두 사람, 편지를 쓴 심술이와, 편지 쓰기를 제안하고 도와준 이랑이만이 그 정답을 알고 있었답니다.

'나, 잘했지?'

어깨에 힘이 잔뜩 들어간 심술이가 이랑이를 바라보며 미소를 지었고, 이랑이도 심술이를 향해 엄지를 치켜세웠어요.

'박심술에게 이런 면이 있는 줄 몰랐지. 이 기회에 대기오염 예방을 위한 법을 더 알아보자. 리걸 마인드!'

이랑이가 알려주는 대기환경보전법

▶ **대기환경보전법:** 대기오염으로 인해 국민의 건강이나 환경상에 위험이 발생하지 않도록, 대기 환경을 보전하는 법입니다.
▶ **온실가스:** 온실가스는 지구의 온도를 높이는 기체를 말해요. 대표적인 온실가스로는 이산화탄소(CO_2), 메탄(CH_4), 아산화질소(N_2O), 수소불화탄소(HFCs), 과불화탄소(PFCs), 육불화황(SF_6) 등이 있어요.

※ 대기환경보전법 제1조(목적), 제2조(정의) 참조

앞에서 우리는 환경권과 환경정책기본법을 살펴보았고, 환경권을 보장하기 위해 다양한 환경 관련 법률이 만들어졌다는 것을 배웠습니다. 그중 대표적인 법률 중 하나가 '대기환경보전법'입니다.

대기환경보전법은 대기오염으로부터 국민의 건강과 환경을 보호하기 위해 만들어진 법이에요. 이 법은 대기오염을 일으킬 수 있는 다양한 위험을 미리 예방하고 차단하는 역할을 하지요.

이 법이 중요한 이유 중 하나는 온실가스 **배출**과 관리에 대한 내용을 포함하고 있기 때문이에요. 온실가스는 단순히 공기를 오염시키는 것뿐만 아니라, 열을 흡수하고 **방출**하는 성질을 가지고 있어 지구 전체의 온도를 높입니다. 태양에서 온 열이 지구로 들어오면, 일부 열은 다시 우주로 빠져나가야 해요. 그런데 온실가스가 많아지면, 열이 지구 밖으로 나가지 못하고 지구에 갇히면서 기온이 점점 높아져요. 이것을 '온실효과'라고 해요.

배출
어떤 물질을 밖으로 내보내는 것을 말해요.

방출
안에 있던 것을 밖으로 내보내는 것을 말해요.

온실효과의 결과, 여러 가지 환경 문제가 발생할 수 있어요. 빙하가 녹는 원인이 되기도 하고, 태풍이나 홍수 같은 자연재해를 일으키기도 합니다. 물론, 대기환경보전법은 온실가스뿐만 아니라 거의 모든 종류의 대기오염물질을 관리하고 있습니다.

법은 **강제성**이 있는 규칙이기 때문에, 국민이라면 누구야 지켜야 합니다. 따라서 공기, 물, 토양 등 우리가 살아

강제성
법은 반드시 지켜야 하는 규칙이라는 뜻입니다.

가는 환경을 보호하기 위해 환경 관련법을 엄격하게 만들어야 해요. 점점 뜨거워지는 지구와 오염되는 환경을 보전하기 위해 노력하기 위한 것이지요.

과제활동 환경기념일 '세계 물의 날'

 '세계 물의 날'이라는 환경기념일이 있다는 것을 알고 있었나요? 정보무늬에 접속하여 소중한 자원인 물에 대해 알아봅시다.

스마트폰을 꺼내
정보무늬에 접속하여 봅시다.

활동1. 수자원을 깨끗하게 하기 위한 '물환경보전법'의 일부입니다. 빈칸에 들어갈 말을 찾아 써 봅시다.

제1조(목적) 이 법은 □□오염으로 인한 국민건강 및 환경상의 위해(危害)를 예방하고 하천·호소(湖沼) 등 공공수역의 물환경을 적정하게 관리·보전함으로써 국민이 그 혜택을 널리 누릴 수 있도록 함과 동시에 미래의 세대에게 물려줄 수 있도록 함을 목적으로 한다.

제3조(책무) ① □□와 □□□□□□는 물환경의 오염이나 훼손을 사전에 억제하고 오염되거나 훼손된 물환경을 적정하게 보전할 수 있는 시책을 마련하여 하천·호소 등 공공수역의 물환경을 적정하게 관리·보전함으로써 모든 국민이 건강하고 쾌적한 환경에서 생활할 수 있도록 하여야 한다. ② 모든 □□은 일상생활이나 사업활동에서 수질오염물질의 발생을 줄이고, 국가 또는 지방자치단체가 추진하는 물환경 보전을 위한 시책에 적극 참여하고 협력하여야 한다.

정답: 수질, 국가, 지방자치단체, 국민

> 읽을 거리

어린이가 지구를 지킨다!

여러분은 '저탄소 녹색성장'이라는 말을 들어본 적이 있나요? 탄소 배출을 줄이고 에너지와 자원을 절약하여, 환경오염을 줄여나가는 성장 방식을 말한답니다. 우리나라는 '탄소중립기본법(기후위기 대응을 위한 탄소중립·녹색성장 기본법)'에서 탄소 중립과 온실가스 감축 등의 원칙을 정해 놓고 있습니다. 이 법 역시 앞에서 배운 환경권 보장과 관련된 법이라고 볼 수 있어요.

그런데 만약 법이 국민의 기본권인 환경권을 충분히 지켜 주지 못한다면 어떻게 해야 할까요? 이에 대해 매우 의미 있는 헌법재판소의 판결이 있어 소개하고자 합니다.

어떤 용감한 어린이와 청소년들이 모여, 국가가 환경권을 침해하고 있다며 헌법재판을 청구한 사건이 있었습니다. '탄소중립기본법'에서는 국가가 2030년까지 2018년 대비 40퍼센트만큼 온실가스 배출량을 감축하도록 정해 두었는데요. 어린이들은 이 법이 현재 세대가 해야 할 일을 미래 세대에게 떠넘기는 것이라고 주장하며, 국가가 기후위기에 대해 적절한 보호 조치를 하지 않았다고 주장했습니다.

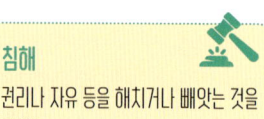

침해
권리나 자유 등을 해치거나 빼앗는 것을 말해요.

이에 대해 헌법재판소는 어린이와 청소년들의 주장을 일부 받아들여, 국가가 2026년 2월 이전까지 법을 개정해야 한다고 판결하였답니다. 어떤가요? 환경을 위해 헌법재판까지 청구한 어린이들, 멋지지 않나요?

※ 헌법재판소 2024. 8. 29.자 2020헌마389 결정 참조

아동·청소년의 아르바이트는 불법이라고?

'딩동댕동!'

수업 종료음이 울리면서 수업이 끝났지만, 아이들은 여전히 선생님과 함께 이야기 나누기에 바빴어요. 오늘 수업 주제가 '용돈'이었는데, 아이들에게 무척 흥미로운 주제였기 때문이지요.

"나도 내 마음대로 사용할 수 있는 용돈을 받고 싶어."

평소 필요할 때마다 부모님께 필요한 만큼만 받아 쓰던 평등이는, 정기적으로 용돈을 받아 자유롭게 사용하는 친구들이 부러웠어요.

"그래, 평등아. 우리도 이제 6학년인데……. 스스로 결정해서 사용할 수 있는 용돈이 필요하다고 솔직하게 말씀드려 봐."

평등이의 이야기가 안타까웠는지 정의가 좋은 방법을 제안했어요. 이랑이도 거들었지요.

"정의의 말이 맞아. 용돈을 직접 계획하고 사용하면서 돈을 관리하는 지혜도 생길 수 있잖아. 부모님도 충분히 이해해 주실 거야."

평등이는 친구들의 말을 듣고 기대 반, 걱정 반의 심정으로 잠시 고민하는 듯했어요.

"아니면 내가 방과 후에 아르바이트를 해서 용돈을 직접 벌어 볼까?"

평등이가 좋은 생각을 해냈다는 듯 밝은 얼굴로 말했습니다.

"와! 그것도 좋은 방법이다. 평등아, 멋져!"

다른 아이들은 평등이의 생각을 대단하게 여겼지만, 이랑이는 달랐어요.

'기특한 생각이긴 하지만, 그건 불법이라고, 불법! 리걸 마인드!'

***

평등이의 계획은 기특한 생각이긴 하지만, 아동·청소년 보호에 관한 법률에 의해 금지되는 행위예요. 우리 법은 만 15세 미만의 아동·청소년이 아르바이트를 하는 것을 허용하지 않습니다. 만 15세가 넘은 청소년의 경우에도 유해하거나 위험한 업소에서 일하는 것은 금지되어 있으며, 하루 7시간, 일주일에 35시간을 초과해서 일할 수 없습니다. 또한, 부모님의 동의를 받아야 한다는 제한도 있지요. 이런 제한은 모두 아동·청소년을 안전하게 보호하기 위한 것입니다.

이랑이가 알려주는 아동·청소년 보호법 ① 근로의 제한

- **근로기준법**: 만 15세 미만의 아동·청소년은 아르바이트를 할 수 없으며, 만 15세 이상인 경우 부모님의 동의를 받아야만 일을 할 수 있습니다. 그 경우에도 청소년이 일할 수 있는 시간은 하루 7시간, 일주일에 35시간을 초과할 수 없습니다.
- **청소년 보호법**: 청소년은 유해업소(술집, 성인용 게임방 등 청소년 출입이 제한된 곳)에서 일할 수 없습니다. 만약 청소년을 유해업소에서 일하게 하면, 해당 업주는 3년 이하의 징역 또는 3,000만 원 이하의 벌금형을 받을 수 있습니다.

※ 근로기준법 제64조, 제66조, 제69조, 청소년 보호법 제29조 참조

그렇다면 왜 아동·청소년에게 이런 제한을 두어야 할까요?

미성년자는 어른들보다 보호가 필요한 존재이기 때문입니다. 만약 어린 나이에 노동을 하게 된다면 교육받을 권리, 건강을 지킬 권리, 충분히 쉴 수 있는 권리를 잃어버릴 수도 있습니다.

또한 가정 형편이 어렵거나 돈이 부족하다고 해서 학교를 그만두고 아르바이트에 전념하는 학생들도 있을 수 있기 때문에,

학생들이 학업을 계속할 수 있도록 보호하는 목적도 있답니다.

실제로, 아동·청소년 보호가 약한 나라에서는 어려운 가정 형편으로 인해 학교에 다녀야 할 나이에 일을 하느라 학업을 그만두는 경우가 자주 발생합니다.

심부름도 신중해야 해요

이랑이의 설명을 들은 평등이는 끄덕이며 이해하는 눈치였지만, 오히려 심술이의 눈빛은 더욱 빛나고 있었어요. 계속 용돈을 더 모을 방법을 고민하는 것 같았지요. 그러다 갑자기 깨달음을 얻은 듯, 다시 당당한 말투로 말했어요.

"좋아! 나는 법을 잘 지키는 어린이니까······."

'법을 잘 지키기는······. 학교랑 교실에서 규칙이나 잘 지켰으면 좋겠다, 이 녀석아!'

법을 잘 지키는 어린이라는 말에 웃음을 꾹 참고 있던 이랑이를 보며, 심술이는 다시 한번 자신의 계획을 말했어요.

"아르바이트 대신 부모님한테 심부름을 시켜달라고 하고, 심부름 값을 받아야겠어. 평소보다 더 열심히 하면 용돈을 더 받을 수 있을 거야!"

"그런데 심술아, 심부름이라는 게 하고 싶다고 해서 마음대로 할 수 있는 건 아니잖아?"

곰곰이 듣고 있던 정의가 말했어요.

"호호호. 나에게는 다 생각이 있지! 아빠가 엄마 몰래 편의점에서 담배를 사는 모습을 봤거든. 엄마 몰래 사려면 내 도움이 필요할 게 뻔해!"

심술이의 말을 들은 친구들은 깜짝 놀라면서도 걱정스러운 표정을 지었어요. 뭔가 잘못된 것 같다는 느낌이 들었기 때문이었어요. 이랑이의 머릿속은 더 복잡해졌습니다.

'심술아, 아무리 용돈이 중요해도 그렇지. 아빠가 담배를 사는 걸 말리지는 못할망정, 심부름을 하겠다고? 너의 계획은 분명 실패할 게 뻔해! 왜냐하면…… 리걸 마인드!'

이랑이가 알려주는 아동·청소년 보호법 ② 유해 차단

▶ **청소년 보호법의 목적:** 청소년이 건전한 인격체로 성장할 수 있도록, 청소년에게 해로운 매체물, 약물, 업소 등을 규제하는 것을 목적으로 하는 법입니다.

▶ **청소년 보호법의 주요 내용:** 청소년에게 유해한 매체물이나 약물을 판매하지 못하게 하고, 청소년이 유해업소나 유해정보에 접근하지 못하도록 규정하고 있습니다.

※ 청소년 보호법 제1조(목적), 제2조(정의) 참조

왜 이랑이는 심술이의 계획이 실패할 것이라고 했을까요? 그 이유는 청소년 보호법에서 찾을 수 있어요. '담배'는 청소년에게 유해한 약물로 지정된 물건이기 때문에, 아동이나 청소년에게는 판매가 금지되어 있습니다. 부모님의 심부름이라 하더라도 판매할 수 없도록 법으로 정해져 있어요.

만약 부모님의 심부름이라는 이유로 담배를 살 수 있게 된다면, 이를 악용해 청소년들이 직접 담배를 사서 흡연할 가능성이 생기겠지요. 그래서 법에서는 이를 엄격하게 금지하고 있습니다.

담배와 비슷한 유해 약물이 바로 '술'이에요. 술도 담배와 마찬가지로 아동 및 청소년에게 판매가 엄격히 금지되어 있습니다.

이외에도 청소년을 보호하기 위해 접근 자체를 금지하는 것들도 있어요. 예를 들면, 잔인한 장면이나 청소년에게 적절하지 않은 영화, 드라마 같은 영상물에는 **연령** 등급이 정해져 있어서, 아동·청소년이 볼 수 없도록 규정해 놓았지요.

> **연령**
> 사람이 살아온 햇수, 즉 나이를 뜻하는 말이에요.

또한, 게임, 광고, 음악, 공연 등에서도 청소년에게 유해한 내용이 포함될 경우, 법으로 제한을 두고 있습니다.

아동·청소년의 소중한 성을 보호해요

"얘들아, 무슨 이야기 나누고 있니? 심술이는 표정이 왜 그래?"
선생님께서 아이들의 이야기가 흥미로우셨는지 다가오셨어요.
"선생님……. 저의 모든 계획은 물거품이 되었어요……."
"응? 그게 무슨 말이니?"
이랑이가 지금까지 나눴던 이야기를 선생님께 차근차근 설명드렸어요. 그런데 선생님은 오히려 미소를 지으며 말씀하셨지요.
"평등이와 심술이가 기특한 생각을 했구나. 그런데 너희처럼 자발적으로 돈을 벌려는 것이 아니라, 어린아이들이 강제로 일을 해야 하는 상황을 떠올려 본 적은 있니?"
선생님의 질문을 듣자, 교실 분위기가 금세 조용해졌어요. 누구도 쉽게 대답하지 못하고 머뭇머뭇했지요.
"법은 항상 좋은 면과 나쁜 면, 밝은 면과 어두운 면을 모두 고려해서 신중하게 만들어지는 거란다. 특히 아동과 청소년은 성인보다 약자의 입장에 놓이는 경우가 많기 때문에, 보호를 위해 적극적으로 금지해야 하는 것들이 많을 수밖에 없는 것이지. 이런 법이 다소 엄격하게 느껴지더라도 미래 사회를 위해 꼭 필요한 일이란다."
선생님의 말씀을 듣고 심술이는 그제야 조금 이해가 된 듯 표정이 한결 나아졌어요. 그리고 진지하게 듣고 있는 아이들을 보며,

선생님께서는 흐뭇한 미소를 지으며 한 가지 제안을 하셨지요.

"기왕 이야기가 나왔으니, 선생님이 과제를 하나 줄게. 최근 아동·청소년을 더욱 적극적으로 보호하기 위해 강조하고 있는 것이 있는데, 힌트를 하나 주자면 너희들의 몸과 마음을 함께 지켜 주기 위한 것이란다. 어떤 내용을 지키기 위한 노력인지 조사해 온 뒤, 다음 시간에 함께 이야기해 보는 것은 어떨까?"

아이들은 어리둥절한 표정으로 선생님을 바라보았어요. 그러면서도 뭔가 기대되는 듯 말없이 고개를 끄덕였지요. 이랑이는 그 모습을 보며 속으로 감탄했어요.

'혹시, 선생님께서는 아동·청소년의 성 보호를 염두하고 말씀하신 것일까?……. 리걸 마인드!'

이랑이가 알려주는 아동·청소년 보호법 ③성 보호

▶ **아동·청소년의 성보호에 관한 법률의 목적:** 아동·청소년을 성범죄로부터 보호하고, 건강한 사회 구성원으로 성장할 수 있도록 돕기 위해 만든 법입니다.

▶ **아동·청소년의 성보호에 관한 법률의 주요 내용:** 아동·청소년을 대상으로 한 성범죄의 처벌 기준과 절차, 피해를 입은 아동·청소년에 대한 보호 및 지원 절차 등을 규정하고 있습니다.

※ 아동·청소년의 성보호에 관한 법률 제1조(목적) 등 참조

선생님께서는 '아동·청소년의 성보호'가 매우 중요한 주제라고 강조하고 싶으셨나 봐요. 최근 아동·청소년을 대상으로 한 성범죄가 늘어나면서, 이를 예방하고 대처하는 방법을 아는 것이 더욱 중요해졌어요. 사실 '아동·청소년의 성보호에 관한 법률'은 성범죄를 처벌하기 위한 법이기 때문에 공법보다는 '형법'에 가까운 법이에요. 그렇지만 청소년을 보호하는 목적이 크기 때문에 공법을 다루는 이 장에서 함께 살펴보도록 하겠습니다.

최근 인터넷이나 모바일을 활용한 성범죄가 증가하면서 스마트폰을 사용하는 아동·청소년이 **속수무책**으로 피해를 입는 경우가 많아졌어요. 국가에서는 이런 범죄를 예방하고 처벌을 더욱 강화하고 있음에도 불구하고 범죄가 줄어들지 않아 고민이 많다고 해요. 여러분이 몇몇 사례를 미리 알고 대처 방법을 익힌다면 조금이라도 피해를 예방할 수 있을 거예요.

> **속수무책**
> 손을 쓸 방법이 없다는 뜻이에요.

가장 중요한 것은 여러분이 스마트폰 속 개인정보를 철저히 관리하는 것이에요. 친구들과 함께 찍은 사진이나 스스로 추억을 남기기 위해 촬영한 사진과 영상이 유출되면 나중에 큰 피해로 이어질 수 있어요.

그리고 SNS를 이용할 때에도 신중해야 해요. 직접 만나 본 적 없는 사람과의 관계를 더욱 조심해야 해요. 여러 가지 방법으로 여러분의 환심을 사고, '좋아요'를 누르는 등 친절하게 다가오다가 갑자기 얼굴이나 신체 일부의 사진을 요구하는 사람이 있어요. 특히 같은 성별인 척하지만 실제로는 그렇지 않은 경우가 많고, 비슷한 연령인 척하지만 실제로는 범죄를 저지르려는 성인일 가능성이 매우 높아요. 이런 사람들은 여러분에게 받은 사진이나 영상으로 협박을 하거나, 성착취물(아동·청소년이 성적 행위를 하는 내용의 사진, 영상 등)을 제작하는 등 더 심각한 범죄를 저지르려고 유혹하는 경우도 있어요. 반드시 조심해야 합니다.

과제활동 아동·청소년을 보호하기 위한 법을 만들어 볼까요?

활동 1. 아동·청소년의 올바른 성장을 돕기 위해 어떤 보호가 필요할까요? 아래의 생각 그물을 활용하여 자유롭게 떠올려 봅시다.

- 취미와 놀이
- 정신 건강
- 아동·청소년 보호
- 신체 건강

활동 2. 떠올린 생각을 정리하여, 아동·청소년 보호를 위한 법률과 근거를 작성하여 봅시다.

아동·청소년의 (　　　　　)을/를 보호하기 위한 법률이 필요합니다.
그 이유는,

첫째,

둘째,

셋째,

| 읽을 거리 | **아동을 보호하기 위한 노력들**

여러분은 혹시 6월 12일이 무슨 날인지 알고 있나요? 6월 12일은 국제노동기구(ILO)가 아동노동을 근절하기 위해 제정한 '세계 아동노동 반대의 날'이에요. 우리나라와는 달리 아직도 아동이 강제적으로 일을 하며 기본적인 교육조차 받지 못하고 있는 나라들이 많아요. 이러한 현실을 개선하기 위해 제정한 날이 바로 '세계 아동노동 반대의 날'입니다. 이날을 맞아 아동노동 반대 캠페인이 열리고, 다양한 행사가 진행되고 있어요.

국제노동기구(ILO)에서는 이미 1973년에 고용 최저연령을 15세 미만으로 정했는데, 이는 현재 우리나라에 적용된 법률의 기준과 같아요. 그리고 더 과거로 돌아가 보면, 1959년 '국제 연합 아동 권리 선언'에서 아동 보호를 위한 노력이 본격적으로 시작되었어요. 이 선언에서는 모든 인류에게 아동을 보호하고 아동에게 최선을 다해야 할 의무가 있다고 규정하면서, 열 가지 원칙을 강조했어요. 그중에서 아홉 번째 원칙에는 '일정한 나이 이하의 아동에 대한 고용이 허용되어서는 안 된다.'라고 명확히 규정하고 있어요. 아직 어린 아이라면 놀고, 배우고, 쉴 시간이 필요한데, 그런 나이에 일하게 하면 아이에게 해롭고 위험할 수 있으니 법으로 막고 보호하는 것이지요.

아동·청소년 보호를 위한 노력, 앞으로도 계속되어야 하겠죠?

※ 국제노동기구(https://www.ilo.org/) 누리집 참조

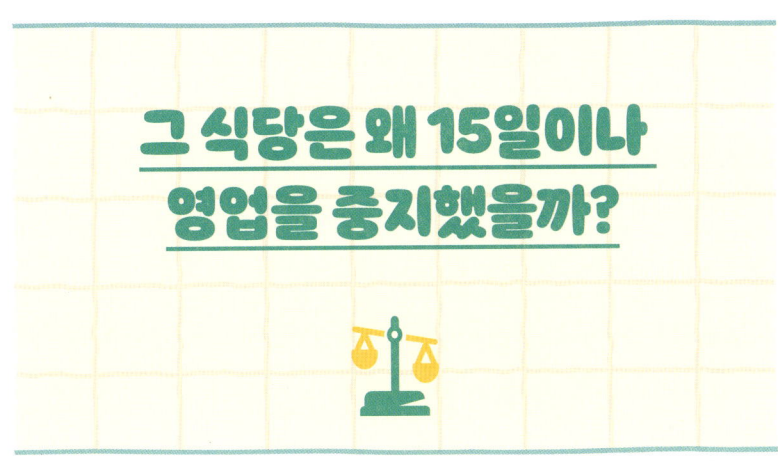

새로 생긴 마라탕 전문점

"너희들, 혹시 소식 들었어?"

1교시 수업 시작 전, 헐레벌떡 달려온 심술이가 숨도 제대로 가다듬지 못한 채 이랑이와 평등이, 정의 앞에서 말했어요.

"무슨 소식? 또 무슨 돈을 벌 수 있는 방법, 뭐 그런 거야?"

이랑이가 지난번 심술이의 말도 안 되는 심부름 계획을 다시 꼬집어 말했어요. 친구들은 그 일이 다시 생각났는지 서로를 쳐다보며 피식 웃었지요.

"그런 게 아니야. 너희들도 좋아할 만한 소식이지. 학교 건너편 건물 1층 뒤편에 마라탕이랑 탕후루를 파는 가게가 생겼대!"

"마라탕? 탕후루?"

그제야 친구들 모두 귀를 쫑긋 세우고 심술이의 말을 경청하기 시작했어요.

"그런데, 학교 건너편 건물 1층이라면, 그 오랫동안 텅 비어 있던 곳에 가게가 생겼다는 뜻이야?"

이랑이가 무언가를 확인하고자 심술이에게 물었어요.

"이랑이는 다 알고 있었구나! 맞아. 거기 텅 비어 있던 곳에 '팡팡마라탕'이 생겼어. 우리 이번 주 토요일 점심 즈음에 만나서 같이 가보자. 어때? 다 먹고 내가 탕후루까지 쏜다!"

심술이는 아직도 흥분된 목소리를 감추지 못하고 친구들에게 제안했어요.

"난 별로……. 마라탕은 맛이 이상해. 탕후루는 설탕만 잔뜩 들어가 있고."

정의는 마라탕과 탕후루를 먹지 않는다는 이유로 거절했어요.

"나도 이번 주말에는 약속이 있어서……."

이랑이도 주말 일정을 이유로 함께 갈 수 없다고 거절했어요.

"나는 갈래! 나도 마라탕 좋아해. 너무 매운 단계까지는 못 먹지만……. 그리고 딸기 탕후루를 먹어 보고 싶어!"

조용히 친구들의 이야기를 듣고만 있던 평등이는 흔쾌히 동의했어요. 사실 평등이는 평소에도 마라탕과 탕후루를 먹어 보고 싶었지만 부모님께서 반대해서 먹어 볼 기회가 없었지요.

"좋아! 평등아, 우리 토요일 12시에 학교 정문 앞에서 만나자. 우리 둘이 먼저 먹어 보고 후기를 들려줄 테니 너희 둘, 아쉬워하지 마라."

"그래, 알았어."

***

주말이 지나고 월요일이 되었어요. 수업이 곧 시작될 시간이었지만, 평등이가 아직 학교에 오지 않았지요.

"선생님, 오늘 평등이는 학교에 안 와요?"

이랑이가 걱정스러운 마음에 선생님께 여쭤봤어요.

"응. 오늘은 오지 못할 것 같구나. 평등이가 배탈이 심하게 나서 아침 일찍 병원에 간다고 부모님께서 전화 주셨어."

'아, 혹시나 했는데 역시나……'

이랑이는 걱정했던 일이 현실이 된 것은 아닌가 싶어 더욱 불안해졌어요.

"이랑아, 무슨 일 있니? 표정이 왜 그래?"

"아, 아니에요, 선생님. 아무것도."

이랑이가 자리로 돌아가려는데, 갑자기 얼굴이 벌겋게 달아오른 심술이가 선생님께 다가오고 있었어요. 똑바로 서 있는 것조차 힘들어 보이는 심술이가 작은 목소리로 겨우 말씀드렸지요.

"선생님, 저……. 새벽부터 배가 계속 아팠고, 지금은 몸에 열도 나는 것 같은데, 부모님께 전화드려도 될까요?"

선생님은 평등이에 이어 심술이까지 배탈이 난 것으로 보이자, 훨씬 심각한 표정으로 심술이의 어머니께 전화를 드렸어요.

'아, 왜 항상 불안한 예감은 틀리지 않는 것일까. 그 가게, 여러 모로 수상했단 말이지. 내가 나서야 하겠어! 리걸 마인드!'

이랑이가 알려주는 식품위생법

▶ **식품위생법**: 식품을 위생적으로 관리하여 국민의 건강을 보호하기 위해 만들어진 법률이에요. 이 법은 우리가 먹는 모든 식품이 안전하게 관리되도록 하고, 소비자가 올바른 정보를 받을 수 있도록 정해 놓았어요.

※ 식품위생법 제1조(목적) 등 참조

식품위생법은 식품으로 인해 생길 수 있는 위험과 해로움을 예방하고, 우리가 먹는 음식의 질과 영양을 관리하며, 식품과 영양에 대한 올바른 정보를 제공하기 위해

만들어진 법률이에요. 여기서 말하는 '식품'이란, 약으로 먹는 의약품을 제외하고 우리가 섭취하는 모든 음식물을 포함해요. 특히, 여러분의 학교에서 제공하는 급식도 식품위생법에 따라 철저하게 관리되고 있답니다.

또한, 식품위생법은 식품을 판매하는 사람이 소비자에게 중요한 정보를 제공하도록 정해 놓고 있어요. 여러분은 과자 봉지나 음료수 병에 작은 글씨로 빼곡하게 적힌 내용을 본 적이 있지요? 이렇게 정보를 표시하는 이유가 바로 식품위생법에서 정한 정보 제공의 원칙 덕분이에요. 소비자는 이런 정보를 꼼꼼히 살펴보고, 자신에게 알맞은 식품을 선택할 수 있는 것이지요. 가끔 다이어트 중인 부모님께서 식품 겉면에 적힌 열량(킬로칼로리, kcal)을 확인하는 모습을 본 적이 있다면, 바로 이 법이 적용된 예를 본 거예요.

식품위생법은 우리가 자주 가는 식당의 운영에도 깊이 관여하고 있어요. 음식의 종류와 질, 조리 시설, 위생 등을 철저하게 관리하지요. 이야기 속에서 심술이와 평등이가 배탈이 난 것을 보면, 아마도 마라탕집에서 남은 음식을 재사용했거나, 유통기한이 지난 재료를 사용했을 가능성이 높아요.

용감한 신고 작전

이틀 후, 심술이와 평등이는 다행히 건강한 모습으로 학교에 왔어요.

"너희 둘, 이제 좀 괜찮아?"

걱정이 많았던 이랑이가 심술이와 평등이를 보자마자 물었어요.

"난 정말 죽었다 살아난 기분이야……. 화장실에 몇 번을 갔다 왔는지 셀 수도 없었어."

"나는 배가 아픈 것보다 열이 심하게 난 게 더 문제였어. 얼마나 심했는지 피부에 빨간 반점 같은 게 생기기도 했거든."

'빨간 반점'이라는 말을 듣자마자 깜짝 놀란 정의가 평등이에게 되물었어요.

"빨간 반점이라고? 얼굴에?"

"얼굴뿐만 아니라 목이랑 등에도……."

평등이의 말을 듣고 한참 생각하던 이랑이가 무언가 결심한 듯 작은 목소리로 친구들에게 말했어요.

"얘들아, 이리 모여 봐. 이 일은 그냥 넘어갈 일이 아닌 것 같아. 둘이 동시에 아픈 것도 이상하고, 단순한 배탈이 아니라 식중독이랑 비슷해 보인단 말이지."

"식중독?"

심술이는 '식중독'이란 말을 듣자마자 깜짝 놀라며 큰 소리로 말했어요.

"야, 박심술. 좀 조용히 해. 친구들이 다 듣잖아."

"아, 내 목소리가 너무 컸구나. 미안해."

아직 확실한 것이 아니니 다른 친구들이 알 필요는 없었어요. 이랑이는 이미 다 생각해 놓은 듯 계속 이야기를 이어 나갔어요.

"난 그 가게가 처음부터 수상했어. 갑자기 생긴 것도 그렇고, 가게 이름이랑 간판도 급하게 만든 것 같았단 말이지. 혹시 모르니 우리가 직접 그 가게에서 위생적으로 음식을 만들고 있는지 알아보자."

"우리 같은 초등학생이 알아볼 수 있는 방법이 있어? 그냥 부모님께 말씀드리는 게 낫지 않을까?"

이랑이의 말을 들은 정의가 걱정스럽게 물었어요.

"굳이 부모님께 말씀드려서 걱정을 키울 필요는 없을 것 같아. 우리끼리 충분히 해볼 수 있으니까 한 번 도전해 보자. 혹시, 너희들 오늘 방과 후에 시간 있어?"

심술이와 평등이, 정의 모두 고개를 끄덕였어요.

"좋아, 준비할 것은 간단해. 스마트폰이랑 지난주에 갔던 가게의 정확한 위치와 이름만 알고 있으면 충분하거든."

"스마트폰? 혹시 전화만으로 알아볼 수 있다는 거야?"

"응, 다 방법이 있지."

"난 또, 우리가 직접 그 가게에 몰래 들어가 봐야 하는 줄 알았네."

가게에 몰래 들어가는 줄 알았다는 심술이의 말에 다들 한바탕 크게 웃었어요.

'부모님께 걱정을 끼쳐드릴 필요는 없어. 다른 친구들을 위해서라도 한 번 제대로 확인해 볼 필요가 있을 것 같아! 리걸 마인드!'

이랑이가 알려주는 부정·불량 식품 신고 방법

▶ **부정·불량 식품 신고 '1399':** 국번 없이 '1399'를 누르면 식품안전정보원으로 연결되어 부정·불량 식품 신고를 접수할 수 있도록 안내하고 있어요.

▶ **국민신문고:** 국민권익위원회가 운영하는 온라인 민원 신청 창구예요. 국민의 생활과 관련된 거의 모든 분야에서 민원, 제안, 신고를 할 수 있어요.

식품 안전과 관련된 소비자의 신고는 국번 없이 '1399'를 누르면 즉시 할 수 있어요. 전화 이용료는 무료이며, 신고 내용에 따라 최고 1,000만 원까지 포상금이 지급되기도 해요. 신고할 수 있는 내용에는 불법적인 식품 제조, 건강을 해칠 수 있는 재료 사용, 위생 불량, 자격이나 면허 없이 음식을 만드는 경우, 허가 없이 음식물을 제조·판매하는 경우 등 식품 안전과 관련된 모든 문제가 포함돼요. 전화 한 통만으로 간편하게 신고할 수 있다니, 정말 쉽지요? 단, 신고할 때는 정확한 제품의 이름이나 업체 이름을 알고 있어야 해요.

전화 신고가 어렵다면 '국민신문고' 누리집(홈페이지)을 이용하는 방법도 있어요. 전화 신고보다 복잡하게 느껴질 수 있지만, 해당 지역의 공공기관에 직접 신고 내용이 전달되고, 처리 결과에 대한 답변을 받을 수 있다는 점에서 더욱 효과적이에요. 국민신문고는 식품 위생뿐만 아니라 모든 공공기관에 민원을 신청할 수 있는 창구이기 때문에 가장 흔히 사용되는 방식이기도 해요.

이랑이가 친구들과 함께 시도하려는 방법은 1399 전화를 통한 신고예요. 전화로 가게의 이름과 위치 등을 알리고, 해당 가게의 식품 위생 관리가 잘 이루어지고 있는지 확인할 수 있어요. 새로 생긴 가게이니만큼 앞으로의 위생 관리는 소비자뿐만 아니라 가게를 운영하는 사람에게도 중요한 일이에요. 특히, 학교 앞에 있는 가게라면 어린이들이 자주 방문할 가능성이 높기 때문에 더욱 철저한 관리와 점검이 필요하겠죠.

과연 누가 해결한 것일까?

며칠이 지났을까요? 여느 때와 다름없는 아침 활동 시간, 심술이가 반 친구들에게 흥미로운 소식을 전했어요.

"애들아, 너희들 그 소식 들었어?"

"무슨 소식?"

심술이는 이랑이, 정의, 평등이에게 작은 목소리로 말했어요.

"마라탕을 팔던 저 앞 가게 있잖아. 이제 더 이상 영업을 안 한대."

"진짜?"

다들 깜짝 놀라며 눈을 크게 떴어요.

"우리가 그때 전화로 신고한 것 때문일까? 혹시 우리 때문에 가게가 문을 닫게 된 건 아니겠지……."

평등이는 혹시라도 친구들과 신고한 것이 가게에 피해를 준 것은 아닌지 걱정스러운 표정을 지었어요. 그런 평등이의 모습을 본 이랑이가 미소를 지으며 친구들에게 제안했어요.

"우리 수업 끝나고 같이 가서 확인해 볼래?"

"좋아!"

학교가 끝난 후, 이랑이와 친구들은 조심스럽게 가게 앞으로 가 보았어요. 확실히 문이 굳게 닫혀 있었고, 가게 문 앞에는 사장님께서 직접 손글씨로 쓴 것 같은 종이가 붙어 있었어요.

'딱 15일 동안만 영업을 중단합니다. 더욱 깨끗하고 안전한 식당으로 여러분의 성원에 보답하겠습니다.'

"딱 15일만 영업을 중단한다는 거였구나."

"휴, 다행이다."

"평등아, 뭐가 다행인데?"

"난 아예 가게가 문을 닫아 버린 줄 알고 걱정했거든……."

평등이는 혹시 가게가 완전히 문을 닫은 게 아닐까 걱정했는지, 15일 동안만 영업을 중단한다는 사실에 안심하는 표정이었어요.

"그게 뭐가 다행이야? 진짜 위생에 문제가 있었다면, 우리도 피해를 본 건데. 문을 닫게 되어도 솔직히 할 말은 없지."

반면, 심술이는 여전히 그 가게에서 음식을 먹고 배탈이 난 일에 대한 불만이 남아 있는 듯했어요.

"깨끗하고 안전한 식당으로 돌아온다는 걸 보면, 오히려 잘된 일 아닐까……."

정의는 그래도 다행이라며 무심하게 혼잣말처럼 중얼거렸어요. 그러다 궁금한 것이 생긴 듯 이랑이에게 물었어요.

"그런데 이랑아, 우리가 신고한 것 때문에 문을 닫게 된 게 맞을까?"

"글쎄? 그게 중요할까? 확인했으니 빨리 집에 가자, 얘들아."

이랑이는 별 관심 없는 듯 집으로 가자며 재촉했지만, 입가에는 흐뭇한 미소를 감출 수 없었어요.

'새로 생긴 가게 주인이 자발적으로 문을 닫은 건 아닐 거야. 우리 지역 행정청에서 행정 처분을 내린 게 분명해. 너희들은 아주 훌륭한 일을 한 거야! 리걸 마인드!'

이랑이가 알려주는 행정 처분

▶ **행정 처분:** 행정청이 법을 적용하여 국민에게 도움을 주거나 불이익을 줄 수 있는 결정을 내리는 것을 말해요.

행정 처분이 정확히 어떤 것인지 이해하기 위해 아래의 사례를 살펴보도록 할게요.

여러분은 건물을 짓기 전에 꼭 행정청의 허가를 받아야 한다는 사실을 알고 있나요? 내 땅이라고 해도 마음대로 건물을 지으면 '불법 건축물'이 됩니다. 만약 허가 없이 건물을 짓는다면, 누군가는 돈을 아끼려고 부실공사를 해서 건물이 무너질 위험이 생길 수도 있고, 화재가 났을 때 위험할 수 있는 구조로 지어질 수도 있어요. 그래서 정부는 건물을 지을 때 정해진 기준을 잘 지켰는지 확인한 후에만 허가를 내주는 거예요. 이렇게 행정청이 건물을 세울 수 있도록 허가를 내주는 것은 국민에게 도움이 되는 행정 처분입니다.

   반대로 오늘 이야기처럼 식당에서 위생을 제대로 지키지 않거나, 청소년에게 술을 파는 등 법을 어기는 경우에는 행정청이 일정 기간 동안 식당 운영을 멈추게 하는 '영업 정지 처분'을 내릴 수도 있답니다. 식당 주인 입장에서는 가게 문을 강제로 닫아야 하니, 불이익을 받는 행정 처분이 되는 것이지요.

과제활동 어디에 신고해야 하는지 정리해 볼까요?

㉠ 학교폭력을 당하는 친구와 가해자를 목격하였을 때
㉡ 다쳐서 쓰러진 사람을 보았을 때
㉢ 주차 금지 구역에 주차해 놓은 자동차를 보았을 때
㉣ 길거리에서 현금이 들어 있는 지갑을 주웠을 때
㉤ 불량 식품을 팔고 있는 가게를 알게 되었을 때
㉥ 집 문 앞에 갑자기 말벌집이 생겨 나가기가 무서울 때
㉦ 새로 짓는 건물로 인한 소음과 먼지로 피해를 받았을 때
㉧ 범죄 피해를 당하였거나 장면을 직접 보았을 때
㉨ 불이 난 건물을 보았거나, 위험이 있는 장면을 보았을 때

경찰청
112

소방서
119

국민
신문고

· 경찰청 ㉠, ㉣, ㉧ · 소방서 ㉥, ㉨ · 국민신문고 ㉢, ㉤, ㉦

정답

> 읽을 거리

식품위생법을 악용한 사례

   식품위생법은 국민의 건강을 보호하기 위해 만들어진 법이지만, 이를 악용하는 사례가 늘어나면서 대비가 필요하다는 의견도 나오고 있습니다. 식품위생법을 악용하는 사례에는 어떤 것이 있을까요?

   가장 흔히 볼 수 있는 사례는 배달 음식을 주문한 후, 음식의 맛이나 양, 위생 등에 문제가 있다고 주장하며 환불을 요구하는 경우입니다. 물론 음식에 대한 정당한 문제 제기는 얼마든지 가능하지요. 하지만 사실과 다른 내용으로 협박하는 것은 문제가 됩니다. 이런 행위는 '협박죄'로 처벌받을 수 있습니다. 실제로 2021년 7월, 인천에서 배달 음식을 시킨 후 식당에 전화를 걸어 욕설과 함께 신고하겠다고 협박하며 환불을 요구했던 40대 남성이 벌금 300만 원을 선고받은 사례도 있습니다.

   또 다른 사례로는 경쟁하는 음식점을 허위 사실로 신고하는 경우가 있습니다. 특정 가게를 대상으로 근거 없는 신고를 하면, 그 가게의 운영이 어려워지고 직원들에게도 피해를 줄 수 있습니다. 이는 단순한 장난이 아니라 심각한 범죄 행위로, '업무방해죄'로 처벌될 수 있습니다.

   법과 규칙은 국민을 보호하고 서로를 존중하는 사회를 만들기 위해 존재합니다. 법을 악용해 다른 사람에게 피해를 주는 일이 없도록 우리 모두 함께 노력해야 합니다.

학교 근처에는 코인노래방이 생길 수 없다고?

도대체 신체검사는 왜 하는 거야

"안 돼!"

아이들은 두 손으로 머리를 감싸 쥐며 소리를 질렀어요. 선생님께서 다음 주 수요일에 신체검사가 있을 거라고 말씀하셨기 때문이었지요.

"나 오늘부터 하루 한 끼만 먹을 거야!"

"난 오늘부터 학교에서 집까지 뛰어서 다닐 거야."

아이들은 발등에 불이 떨어진 것처럼 저마다 다이어트 계획을 세우기 시작했어요. 키와 몸무게 등 신체 변화에 민감해지는 시기였기 때문에 자연스러운 반응이었지요.

"걱정하지 마, 얘들아. 한 명씩 따로 측정하고, 너희들의 신체검사 정보는 절대 공개되지 않는단다."

선생님께서 키와 몸무게가 다른 사람들에게 알려지지 않는다고 말씀해 주시자, 아이들은 조금 안심했어요. 그런데 정의는 고개를 저으며 혼잣말처럼 중얼거리고 있었어요.

"문제야, 문제……."

"뭐가 또 문제야? 왜 그렇게 심각해?"

이랑이가 정의에게 다가가 걱정스럽게 물었어요.

"왜 학교에서 신체검사를 하는지 이해가 안 가."

아니나 다를까, 신체검사를 하기 싫은 마음이 불만으로 터져 나오려 하고 있었지요. 사실 정의는 다른 친구들보다 신체 변화에 더욱 민감한 아이 중 한 명이었어요.

"야! 너는 키도 크고 비만도 아닐 텐데, 뭐가 걱정이야?"

"그게 아니라…… 굳이 왜 학교에서 신체검사를 해야 하는지 모르겠어."

정의는 계속 얼굴을 감싸고 말 끝을 흐렸어요. 평소와는

다른 모습에 걱정이 된 평등이가 물었지요.

"그런데 정의야, 오늘 왠지 피곤해 보이는데⋯⋯ 몸이 안 좋은 거야?"

그러고 보니 정의는 하루 종일 기운이 없었고, 얼굴빛도 좋지 않았어요. 심술이도 걱정된 표정으로 정의를 일으켜 세우며 말했어요.

"그러게. 정의야, 너 아무래도 안 되겠다. 선생님께 말씀드리고 보건실에 다녀오자."

심술이가 정의를 부축하며 보건실로 가는 모습을 보며, 이랑이는 잠시 생각에 잠겼어요.

'학교 보건실과 신체검사는 꼭 필요한 이유가 있지. 리걸 마인드!'

이랑이가 알려주는 학교보건법

▶ **학교보건법**: 학생들이 건강하고 안전하게 학교생활을 할 수 있도록 돕는 법이에요. 병을 예방하고, 아플 때 도움을 받을 수 있도록 학교가 지켜야 할 약속들을 정해 놓았어요.
▶ **학교보건법의 주요 내용**: 학교의 환경위생 및 식품위생, 공기 질 관리, 건강검사, 보건 관리 및 보건 교육, 감염병 예방 관리 등을 포함하여 학생 건강 증진에 대한 내용 전반을 모두 포함하고 있습니다.

※ 학교보건법 제1조 참조

학생들이 학교에서 아프거나 다쳤을 때 방문하는 보건실, 그리고 오랫동안 학생들에게 부담이 되어 온 신체검사는 모두 학교보건법에 근거한 제도예요. 학교보건법은 학생과 교직원의 건강을 보호하고 증진하기 위해 만들어진 법으로, 보건 교육, 위생 관리, 질병 예방 등 다양한 역할을 수행할 수 있도록 정해 놓았어요.

최근에는 미세먼지로 인한 대기 오염 문제가 심각해지면서 미세먼지 대응에 대한 역할도 추가되었고, 2020년부터 3년간 우리를 힘들게 했던 코로나19 팬데믹 상황에서도 학교가 안전하게 운영될 수 있도록 하는 데 중요한 역할을 했답니다.

그중에서도 신체검사는 학생들에게 항상 부담이 되는 일이었지요. 하지만 최근에는 단순히 키와 몸무게만 측정하는 것이 아니라 체질량지수(BMI)와 체형 검사까지 포함하여 학생들의 건강 상태를 더욱 꼼꼼하게 관리하고 있어요. 또한 과거와 달리 개인정보 보호를 철저히 하기 위해 일대일 개별 측정 방식을 도입해서, 자신의 신장이나 체중이 공개될까 봐 걱정하지 않아도 된답니다.

신체검사를 불편하게 여기는 마음도 충분히 이해할 수 있지만, 앞으로의 건강관리를 위해 어릴 때부터 자신의 건강 상태를 정확히 파악하고 기록하는 것이 중요하다는 점을 꼭 기억해야 해요.

학교 근처에는 코인노래방이 생길 수 없다고?

"정의도 그렇고, 요즘 감기 때문에 고생하는 친구들이 많네."

걱정스러워하는 이랑이의 말에 평등이도 동의하며 말했어요.

"나도 내일부터는 마스크를 쓰고 다녀야 할까 봐. 우리 가족도 나만 빼고 전부 다 감기에 걸렸거든……."

평등이가 말을 꺼내자마자 심술이가 깜짝 놀라며 말했어요.

"권평등, 너 나한테 가까이 오지 마라. 나한테 감기 옮기면 절대 안 되거든!"

"야, 박심술! 친구한테 너무한다. 지금 감기에 걸린 것도 아니

고, 가족들만 걸렸다고 하잖아."

심술이의 과도한 반응에 이랑이가 평등이의 편을 들며 말했어요. 하지만 심술이에게도 이유가 있었지요.

"오늘 드디어 노래를 녹음하는 날이거든. 내가 그동안 얼마나 열심히 연습했는데……."

'음악 시간에나 똑바로 부른다면 좋겠지만…….'

이랑이는 가수에 도전한다는 심술이의 말이 매우 의외였지만, 항상 무언가에 도전하는 심술이가 한편으로는 기특하기도 했지요.

"그런데 갑자기 왜 노래를 연습하는 거야? 녹음은 왜 하고?"

"상금이 어마어마하거든! 내가 만약 1등을 한다면, 상금으로 우리 학교 정문 앞에 코인노래방 하나를 만들 거야!"

'그럼 그렇지.'

그 말을 들은 친구들 모두 같은 느낌으로 고개를 끄덕였지요. 그런 분위기를 아는지 모르는지 심술이는 본인의 계획에 대해 추가 설명을 이어 나갔지요.

"내 단골 코인노래방까지 거리가 너무 멀어서 걸어가기 힘들었거든. 학교 앞에 있으면 아이들이 방문하기도 쉽고, 나처럼 가수의 꿈이 있는 아이들이 많이 찾겠지!"

'어쩐지, 결국 목적은 상금이었구나! 게다가 만약 1등을 하더라도 너의 꿈은 이뤄질 수 없는데, 어쩌면 좋니? 리걸 마인드!'

 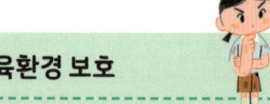

이랑이가 알려주는 교육환경 보호

▶ **교육환경 보호에 관한 법률의 목적:** 학교의 교육환경을 보호하기 위한 규정을 마련하여, 학생들이 건강하고 쾌적한 환경에서 교육받을 수 있도록 하는 것을 목표로 합니다.

▶ **교육환경 보호구역:** 학교 출입문으로부터 직선거리 50미터 이내를 '절대보호구역'으로, 학교 경계로부터 직선거리 200미터 이내(단, 절대보호구역을 제외한 지역)를 '상대보호구역'으로 정하고, 이 구역 안에서 특정 행위를 금지하고 있습니다.

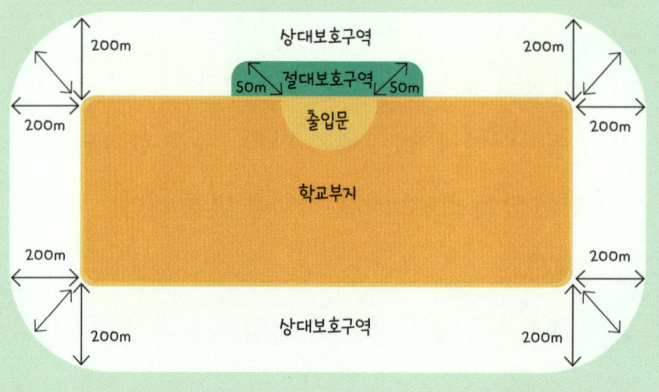

※ 교육환경 보호에 관한 법률 제1조, 제8조 참조

    교육환경 보호에 관한 법률은 학생들이 건강하고 쾌적한 환경에서 교육받을 수 있도록 국가와 지방자치단체의 책임을 명확히 정한 법이에요. 여기서 '교육환경'이란 학생들의 보건, 위생, 안전, 학습에 방해가 되지 않기 위한 학교 주변의 모든 요소를 포함하며, 새로운 시설이나 건축물, 기관이 들어설 때에도 주변 교육 환경에 미치는 영향을 엄격하게 검토한답니다. 특히 학교 주변은 특별히 보호구역으로 지정되어, 교육환경을 해칠 수 있는 행위를 금지하고 있어요.

이랑이가 심술이의 계획이 이뤄질 수 없다고 말한 이유는 교육환경 보호법에서 학교 경계로부터 200미터 이내 지역에서는 '노래연습장' 운영을 금지하고 있기 때문이에요. 그뿐만 아니라 과도한 소음이나 진동을 발생시키는 시설, 특정 폐기물을 처리하는 시설 등도 보호구역 내에서는 운영할 수 없답니다.

청소년 유해 업소 및 유해 구역

"어쩐지, 학교 주변에는 어른들만 가는 장소가 별로 없는 것 같아. 다들 그렇게 생각하지 않아?"

심술이는 무언가 깨달은 듯한 표정으로 친구들에게 이야기했어요.

"어른들만 가는 장소? 그게 무슨 뜻이야?"

순진한 평등이는 심술이가 말한 '어른들만의 장소'가 정확히 어떤 곳을 말하는지 감이 잡히지 않아 다시 물어봤지요.

"권평등, 너 일부러 모르는 척하는 거야, 아니면 진짜 모르는 거야? 늦은 밤에도 반짝반짝 조명이 빛나는 곳들 있잖아……."

'가끔은 그냥 모르는 것이 더 나을 때가 있는데, 지금이 딱 그런 상황이네……'

이랑이는 한숨을 쉬며 심술이가 또 무슨 말을 할지 불안했지만, 계속 들어보기로 하고 귀를 쫑긋 세웠지요.

"난 우연히 지나가다 본 적 있어. 어떤 건물 입구에는 '청소년 출입 금지'라고 쓰여 있었거든. 그리고 심지어 어떤 곳은 '청소년은 이 길로 들어오지 마세요'라고 표시돼 있더라!"

"뭐라고? 어른들만 들어갈 수 있는 길이 있다고? 처음 듣는 이야기인데……."

처음 듣는 이야기라 그런지 친구들 모두 놀란 표정을 지었어요.

'오호! 박심술, 이번에는 걱정과는 달리 좋은 주제를 꺼냈구나. 이제 내가 나설 차례야! 리걸 마인드!'

이랑이가 알려주는 청소년 유해 업소 및 구역

- **청소년 유해 업소:** 청소년에게 좋지 않은 영향을 미칠 수 있다고 인정된 곳을 말해요. 대표적으로 술을 파는 가게, 비디오방, DVD방, 전화방, 성인용 오락실 등이 있어요.
- **청소년 통행금지·제한 구역:** 청소년의 정신적·신체적 건강을 해칠 가능성이 있는 지역을 말해요. 그래서 이런 곳은 청소년 통행금지 구역 또는 청소년 통행제한 구역으로 지정해서 청소년이 출입하지 못하도록 정해놓고 있답니다.

※ 청소년 보호법 제29조, 제31조 등 참조

　청소년 보호법 제2조(정의)에서는 청소년 유해 업소의 의미와 종류를 자세히 정해놓고 있어요. 예를 들면 성인용 오락실, 술집 등이 이에 해당하며, 입구에는 반드시 청소년 출입 금지 안내를 명확하게 표시하도록 되어 있답니다. 이 모든 것이 청소년을 안전하게 보호하기 위한 조치랍니다.

　또한 청소년 통행금지 구역과 제한구역 역시 청소년 보호법 제31조에 따라 정해져 있어요. 특정 시설뿐만 아니라 특정 지역 전체가 청소년의 정신적·신체적 건강을 해칠 우려가 있다고 판단될 경우, 해당 지역을 청소년 통행 제한 구역으로 지정해 아예 접근을 막고 있어요. 이런 지역에서는 경찰과 지역 주민들이 번갈아 순찰을 돌며, 청소년들의 출입을 제한하기 위해 노력하고 있답니다.

> 과제활동   **보호구역 내 운영을 금지해야 하는 시설과 이유**

활동 1. 학교 주변 보호구역 안에서는 학생들의 건강하고 쾌적한 학습 환경을 위해 특정 시설의 운영을 제한하고 있어요. 아래 시설 중에서 교육환경 보호를 위해 꼭 운영을 제한해야 하는 시설을 골라보세요. (개수 제한 없음)

노래 연습장

탕후루 가게

PC방

무인 인형뽑기 가게

활동 2. 여러분이 고른 시설이 학교 보호구역 내에서 금지되어야 한다고 생각하는 이유는 무엇인지 구체적으로 작성하여 봅시다.

> 읽을 거리

마음 건강도 중요해요

　앞서 우리는 학교보건법 덕분에 학생들의 건강관리에 많은 도움을 받고 있다고 배웠습니다. 하지만 대부분의 제도가 신체 건강에 집중되어 있고, 마음 건강에 대한 지원은 상대적으로 부족한 것이 사실이에요. 일반적으로 '건강'이라고 하면 신체적인 건강을 떠올리기 쉽지만, 최근에는 많은 전문가들이 아동·청소년의 마음 건강이 신체 건강만큼 중요하다고 강조하고 있어요. 왜 그럴까요?

　마음 건강을 제대로 돌보지 않으면 초등학생 시절부터 우울증이나 무기력증이 심해질 수 있고, 청소년 시기와 겹치면서 극단적인 선택까지 생각할 가능성이 커질 수 있기 때문이에요. 사춘기가 오면 감정이 더욱 예민해지고 요동치기 때문에, 이 시기에 감정을 적절히 조절하는 방법을 배우는 것이 매우 중요해요.

　전문가들은 내 마음 상태를 들여다볼 수 있도록 일기를 쓰거나, 하루 5분만이라도 자신의 감정을 돌아보는 시간을 가지는 것을 추천해요. 또한 스마트폰에 대한 지나친 의존을 줄이고, 건전한 취미를 갖는 것도 중요하다고 말하지요. 끝으로 '내가 왜 이런 감정을 느낄까?'라는 질문을 자주 던지며 스스로 이해하려는 노력이 필요하고, 고민이 해결되지 않을 때는 어른들에게 적극적으로 상담이나 도움을 요청하는 태도도 중요하다고 강조한답니다.

　　　　　　※ 학생정신건강지원센터(https://www.smhrc.kr/) 참조

전교학생회 임원 선거

날씨가 제법 쌀쌀해진 12월 첫째 주 월요일, 교실로 올라가는 계단 옆 학생 게시판 앞에 아이들이 모여 웅성거리고 있었어요. 이랑이도 호기심이 생겨 발걸음을 멈추고 게시물을 살펴보았죠.

"나 김반장 누나 알아! 나랑 같은 아파트에 살거든."

"나도 저기 박대표 형이랑 같은 태권도장에 다녀."

아이들은 학생 게시판에 붙어 있는 선거 포스터를 보고 있었어요. 다음 학기 전교학생회 임원을 뽑는 선거를 안내하는 포스터였어요. 이랑이는 포스터를 보며 옛날 생각이 떠올랐어요.

'나도 한때 전교학생회장이 되고 싶었던 적이 있었지. 결과는

아쉬웠지만, 그 경험이 이 언니를 더 성장하게 했단다.'

한참 과거의 추억을 떠올리고 있을 때, 한 아이가 말했어요.

"그런데, 왜 학생회장 후보는 5학년만 나오는 걸까?"

"그러게. 그런데 부학생회장은 5학년이랑 4학년 모두 가능한가 봐. 저쪽 포스터는 전부 4학년이야."

두 아이 중 한 명이 고개를 갸우뚱하며 이해가 되지 않는다는 듯 말했어요.

"전교학생회장은 왜 6학년만 해야 할까?"

"그야 가장 높은 학년이니까 그런 거지."

"그건 불공평해. 5학년이나 4학년이 더 잘할 수도 있잖아."

두 아이의 대화를 들으며 이랑이는 점점 입이 근질근질해졌어요. 하지만 논쟁이 제대로 시작되기도 전에 한 아이가 손가락을 가리키며 말했어요.

"어? 그런데 저길 봐. 투표는 4학년부터 할 수 있대. 우리랑 상관없잖아. 그냥 관심 끄고 가자."

"난 또 우리도 투표하는 줄 알았네. 그래, 그냥 가자."

게시판 포스터 상단에 붙어 있는 선거 공고문을 본 저학년 아이들은 실망한 듯 볼멘소리를 하며 교실로 들어갔어요. 삐쭉 튀어나온 입술을 보며 이랑이는 속으로 생각했어요.

'이런, 저 아이들이 실망하지 않아야 할 텐데… 리걸 마인드!'

이랑이가 알려주는 선거권과 피선거권

▶ **선거권:** 선거에 참여하여 투표할 수 있는 권리를 말합니다.
▶ **피선거권:** 선거에 출마하여 후보가 될 수 있는 권리를 말합니다.

※ 공직선거법 제15조(선거권), 제16조(피선거권) 참조

공직선거법을 이해하기 위해선 가장 먼저 선거권과 피선거권이란 개념을 알아야 합니다. 선거권이란 선거에 참여하여 투표할 수 있는 권리, 즉 내 손으로 후보를 직접 뽑을 수 있는 권리를 말해요. 앞서 저학년 학생들은 전교학생회 임원을 뽑는 투표에 참여할 수 없었는데, 선거권이 주어지지 않았기 때문이에요.

우리나라 공직선거법에서는 대통령과 국회의원을 뽑는 선거에서 만 18세 이상 모든 국민에게 선거권을 부여하도록 정하고 있어요. 만 18세 미만의 국민에게 선거권을 주지 않는 이유는 선거에 참여하기 위한 최소한의 배움을 마쳐야 한다고 보기 때문이에요. 예전에는 여성이나 흑인에게 선거권을 주지 않는 나라가 있었어요. 하지만 지금은 선거권에 성별이나 인종 차별을 두는 나라는 거의 없어요.

반대로, 피선거권은 대표로 당선되기 위해 후보자가 될 수 있는 권리를 말해요. 내년에 6학년이 될 5학년 학생들만 전교학생회장 후보가 될 수 있었던 것도 피선거권과 관련이 있어요.

우리나라에서 대통령이 되려면 최소 만 40세 이상이 되어야 후보로 등록할 수 있어요. 그러나 금고 이상의 형을 선고받은 사람이나, 불법 선거를 저지른 사람은 후보가 될 수 없어요. 이는 나라를 이끌 대표를 뽑는 선거이기 때문에, 후보자의 자격을 엄격하게 정하는 것이랍니다.

> **금고**
> 감옥에 가두는 형벌을 뜻해요.

이게 바로 부정선거?

"여러분, 오늘부터 3일 동안 공식 선거운동 기간이 시작됩니다. 선생님이 여러 번 강조했던 것처럼, 공정한 선거가 될 수 있도록 여러분 모두가 규정을 준수해야 해요. 잘 지킬 수 있죠?"

"네!"

선생님의 안내 이후, 멀리깊이초등학교는 조용할 틈이 없었어요. 학교에서 허가한 선거운동 기간이었기 때문이죠. 후보들과 선거운동 도우미들은 매일 아침과 점심시간마다 홍보 피켓을 들고 열심히 선거운동을 했어요.

"기호 1번 김반장! 기호 1번 김반장!"

"더 크게! 기호 2번 박대표! 기호 2번 박대표!"

각 후보는 자신만의 방식으로 선거운동을 준비했어요. 후보들이 내놓은 공약을 살펴보며 친구들과 이야기를 나누는 것도 꽤 흥미로웠지요. 어떤 공약에 대해서는 찬성과 반대 의견이 갈려 친구들 사이에서 논쟁이 벌어지기도 했어요.

선거운동이 시작된 지 이틀째 되는 날, 점심시간이었어요. 급식실에서 밥을 먹다 말고 평등이가 조심스럽게 평등이와 이랑이에게 물었어요.

"너희들, 혹시 그 소문 들었어?"

"무슨 소문?"

정의는 영문을 모르겠다는 듯 평등이를 바라보았지요.

"전교 회장 후보로 나온 박대표가, 어제 친구들이랑 동생들한테 떡볶이를 사줄 테니까 꼭 자기를 뽑아달라고 말했대."

"에이, 설마. 선생님께서 분명 경고하셨잖아. 절대 그러면 안 된다고. 평등아, 네가 직접 들은 얘기 맞아?"

이랑이가 믿기지 않는다는 듯 되물었어요.

"내가 직접 들은 건 아니지만, 학원에서 친구들이 그러던데……"

평등이가 자신 없는 목소리로 말했어요.

정의는 걱정이 되었는지 이랑이를 보며 말했어요.

"이랑아, 만약 진짜면 어떻게 되는 거야? 선생님께서 분명히 선거 규칙을 어기면 후보 자격이 취소될 수도 있다고 하셨는데……"

이랑이는 이대로 두면 큰일이 날 것 같은 불길한 예감이 들었어요. 초등학교 전교학생회장 선거에 부정선거라니!

'내가 자세히 알아봐야겠어. 리걸 마인드!'

이랑이가 알려주는 선거법① 선거운동과 부정선거

▶ **선거운동:** 선거운동은 특정 후보가 당선되거나 당선되지 못하게 하는 행위를 말합니다.

▶ **부정선거운동:** 정당하지 못한 수단과 방법으로 선거운동을 하는 행위를 말하며, 처벌을 받을 수도 있습니다.

※ 공직선거법 제58조(선거운동), 제16장(벌칙) 참조

후보가 선거권자에게 자신을 뽑아달라고 여러 가지 방법으로 부탁하는 것을 '선거운동'이라고 해요. 거리에서 자신과 공약을 알리는 '유세'를 하거나, 토론회에 참가하고, 명함을 나눠주거나 피켓을 들고 서 있는 등의 다양한 방법이 있지요. 하지만 이 과정에서 공정한 선거를 방해하는 행위를 하면 '부정선거'로 판단되어 처벌받을 수 있으니 조심해야 해요. 부정선거란 정당하지 못한 수단과 방법으로 이루어진 선거를 뜻하는 말이에요.

음식을 사주면서 자신을 뽑아달라고 부탁하는 것은 명백한 불법 선거운동이에요. 성인의 경우, 물건이나 금품을 주면서 투표를

부탁하는 행위는 5년 이하의 징역이나 3,000만 원 이하의 벌금에 처할 수 있어요. 그뿐만 아니라, 상대 후보에 대한 나쁜 소문을 일부러 퍼뜨리거나, 사람들을 동원해 특정 후보만 찍게 하는 행위도 부정선거로 판단되어 처벌을 받을 수 있답니다. 그러니 선거에 참여하는 경우, 후보자도, 후보자를 도와주는 도우미도, 그리고 선거에 참여하는 여러분도 항상 선거 규칙을 명심해야 해요.

선거에서 꼭 지켜야 할 원칙

"어휴. 사실이 아니었다니 정말 다행이다. 박대표가 억울할 뻔했잖아?"

"미안해. 그런데 분명 나는 그렇게 들었단 말이야."

지난번 평등이가 말한 소문은 사실이 아니었어요.

"그래도 정말 다행이지, 어른들 선거였으면 감옥에 갈 수도 있는 사건이었다니까?"

이랑이는 사실이 아닌 것이 천만다행이라고 생각했어요. 그리고, 평등이의 말이 다른 친구들에게까지 퍼지지 않은 것도 다행이라고 생각했지요. 만약 평등이의 말이 퍼졌다면 큰 문제가 생겼을 거예요.

"그나저나 평등아, 너는 전교학생회장 누구 뽑았어?"

"나? 그게 그러니까……."

심술이의 갑작스러운 질문에 평등이는 또 당황하기 시작했지요.

"심술아, 비밀투표 기억 안 나? 비밀투표! 선생님께서 몇 번이고 강조한 거잖아!"

이랑이가 심술이의 질문에 황당해하며 말했어요.

"이미 다 끝난 선거잖아. 결과도 다 나왔는데, 누구 찍었냐고 물어보는 게 뭐 그렇게 큰 잘못이야?"

심술이는 입을 삐쭉 내밀며 말했어요.

'에휴. 다시 한번 선거의 기본 원칙에 대해 알려줘야겠군. 리걸 마인드!'

'선거의 4대 원칙'은 공정하고 민주적인 선거가 이루어질 수

 이랑이가 알려주는 선거법② 선거의 4대 기본 원칙

▶ **보통선거**: 일정한 연령이 되면 누구나 선거에 참여할 수 있습니다.
▶ **평등선거**: 선거권이 있는 사람이라면 누구나 똑같이 한 표씩만 투표하도록 합니다.
▶ **비밀선거**: 투표할 때 투표의 내용을 다른 사람이 알 수 없도록 비밀로 하는 제도입니다.
▶ **직접선거**: 후보자들에게 선거권자가 직접 투표를 하는 것을 말합니다.

있도록 정해놓은 기준을 말해요. 우리나라는 보통선거, 평등선거, 비밀선거, 직접선거의 원칙에 따라 선거를 진행하고 있지요. 심술이가 "누구를 뽑았어?"라고 물어본 행동은 비밀선거 원칙을 제대로 이해하지 못했기 때문에 저지른 실수라고 볼 수 있어요.

부끄럽지만, 우리나라에서는 대통령이 선거의 원칙을 어기고 부정선거를 저지른 사건이 있었어요. 당시에는 특정 후보를 뽑도록 유도하기 위해 음식을 사주면서 투표를 부탁했고, 심지어 투표용지가 담긴 상자를 통째로 바꿔버리는 등의 부정행위도 서슴지 않았지요. 이를 알게 된 국민들은 분노했고, 거리로 나와 시위를 벌였어요. 결국, 부정선거를 저지른 대통령은 자리에서 물러나게 되었어요.

이런 역사가 다시는 반복되지 않도록, 우리나라 국민이라면 누구나 선거의 기본 원칙을 존중하고 공정한 선거를 지켜야 한답니다.

> 과제활동

나만의 선거 포스터 만들기

활동 1. 도전! 여러분도 학생 대표가 될 수 있어요. 학생 대표가 되기 위한 선거 포스터를 만들어 보세요!

기호 1번

· 사진 혹은 그림

· 나를 표현하는 말

활동 2. 학생들에게 알릴 만한 나의 장점이 있으면 적어 보세요.
예) 4학년 2학기 4반 학급 부회장, 5학년 1학기 2반 학급회장

-
-
-

활동 3. 공약 세 가지를 적고, 중요한 부분을 강조해 봅시다.

첫째,

둘째,

셋째,

읽을 거리 선거를 준비하는 사람들

여러분은 '선거관리위원회'라는 말을 들어본 적이 있나요?

여러분이 참여하는 전교학생회 임원 선거에서도 선거관리위원회가 중요한 역할을 했을 거예요. 선거관리위원회란 선거가 공정하게 진행될 수 있도록 선거 준비, 선거 진행 등을 맡아 하는 사람들을 말해요. 여러분 학교의 선거관리위원회는 선거가 시작되기 전부터 후보 등록, 선거 홍보 안내 및 점검, 선거인 명부 작성, 투표소 준비, 투표 진행, 개표와 결과 정리 등의 일을 맡아 했을 거예요.

대통령 선거, 국회의원 선거, 지방선거는 규모가 크기 때문에 국가기관인 중앙선거관리위원회와 시·도선거관리위원회가 선거의 전 과정을 공정하게 관리합니다. 후보자들이 선거 규칙을 어기지 않는지 단속하고, 선거에 사용되는 엄청난 비용을 관리하는 등 매우 중요한 역할을 하지요.

선거관리위원회는 초·중·고등학교 및 대학교 학생회의 임원선거에도 도움을 주고 있어요. 학교에 투표함과 같은 선거 장비를 대여해 주기도 하고, 선거 절차에 대한 안내를 해 주거나 공정한 선거에 대한 강의를 해 주기도 한답니다.

선거관리위원회에 대해 궁금하다면 중앙선거관리위원회 누리집(www.nec.go.kr)에 접속해 보세요. 재미있는 웹툰과 영상도 볼 수 있으니 기회가 된다면 꼭 방문해 보기 바랍니다.

어린이도 세금을 낸다고?

영수증에 숨겨진 비밀

 날씨가 제법 겨울답게 추워지고 있었어요. 이랑이와 친구들은 교실 뒤편에 옹기종기 모여 앉아 깔깔거리며 이야기를 나누고 있었지요. 아이들 사이에서 가장 가지고 싶은 물건이 무엇인지가 가장 큰 관심사였어요. 성탄절이 다가오면서 아이들의 머릿속에는 온통 크리스마스 선물 생각뿐이었기 때문이지요.
 "난 옛날부터 갖고 싶었던 캐릭터 쿠션을 받고 싶어."
 "난 중학생이 되면 매고 다닐 예쁘고 튼튼한 가방을 받고 싶어."
 친구들은 저마다 갖고 싶은 선물을 이야기하며 기대에 부풀어 있었어요. 그런데 친구들의 이야기를 듣던 심술이가 피식 웃더니 말했지요.

"얘들아. 꿈은 크게 가져야 하는 거야. 난 이번에 최신형 사과폰을 노리고 있지! 이번 크리스마스 선물과 다음 달 졸업식 선물을 합하면 불가능한 일도 아닐걸?"

심술이는 역시나 심술이답게 원대한 꿈을 가지고 있었어요.

"아무리 이제 곧 중학생이 된다고 하지만, 사과폰 신형은 너무 비싼 것 같은데……."

평등이는 심술이가 나중에 실망할까 봐 걱정하는 눈치였어요. 그런 걱정을 아는지 모르는지 심술이는 더욱 당당하게 말했지요.

"모르는 소리! 이런 때일수록 더 비싼 물건을 사줘야 경제가 살아나고 우리나라가 더욱 부자가 되는 거라고."

"그게 무슨 뚱딴지 같은 소리야. 돈을 쓰는 거랑 나라가 부자가 되는 거랑 무슨 상관이야? 스마트폰 가게 사장님이 부자가 되는 거겠지."

심술이의 말에 다들 말도 안 되는 소리라며 소곤소곤 대기 시작했어요.

'못 말린다 정말. 박심술, 네가 언제부터 우리나라 경제를 걱정했다고……. 하지만 완전히 틀린 이야기는 아니니 내가 또 나서야겠군! 리걸 마인드!'

이랑이가 알려주는 납세의 의무와 부가가치세

▶ **납세의 의무:** 우리 헌법에는 국민이 국가에 세금을 성실하게 내야 한다는 의무가 규정되어 있습니다.
▶ **부가가치세:** 어떤 물건을 판매하거나 유료서비스를 제공할 때 부과하는 세금으로, 소비세의 한 종류입니다.

※ 대한민국헌법 제38조, 국세기본법 제2조(정의) 참조

나라를 운영하고 국민의 생활 수준을 높이기 위해 국민들이 국가에 납부하는 돈을 세금이라고 해요. 세금은 헌법에서 정해 놓은 국민의 네 가지 의무 중 하나인 만큼 매우 중요한 의무랍니다. 모든 국민은 세금을 성실하게 납부해야 하며, 고의로 세금을 내지 않으면 큰 처벌을 받을 수도 있어요. 그래서 법으로 세금에 대한 기본적인 원칙을 정해 누군가 억울하게 세금을 더 내야 하거나, 반대로 일부러 세금을 내지 않는 경우가 생기지 않도록 하고 있어요.

심술이가 비싼 물건을 사야 나라가 부자가 된다고 말한 세금의 종류는 '부가가치세'예요. 세금에는 정말 다양한 종류가 있지만, 그중에서도 우리가 가장 흔하게 경험하는 세금이 바로 부가가치세랍니다. 물건을 구입하거나 유료 서비스를 이용할 때마다 조금씩 걷는 세금이기 때문이지요.

그렇다면 우리가 평소에 물건을 구입하거나 유료 서비스를 이용할 때, 얼마의 세금을 내고 있는지 어떻게 알 수 있을까요? 오늘부터 영수증을 받아 자세히 살펴보세요. '부가세'라는 항목이 보일 텐데, 보통 물건이나 서비스 가격의 10퍼센트가 별도로 표기되어 있을 거예요.

예를 들어, 물건의 가격이 10,000원이라면, 그중 10퍼센트인 1,000원이 부가세에 해당합니다. 즉, 우리가 물건을 살 때마다 일정 부분을 세금으로 내고 있었던 것이랍니다.

세금의 쓰임새와 중요성

"거봐! 내 말이 맞지? 하하하! 미래의 우리나라 경제를 이끌어 갈 인재, 박심술!"

심술이가 정말 알고 말한 건지, 아니면 모르면서 아는 척한 건지는 몰라도, 적어도 최신형 사과폰을 향한 간절한 마음만큼은 모두가 알 것 같았어요.

"영수증 속에 이런 비밀이 있을 줄은 몰랐어. 그런데 조금 이상한 기분이 들어. 우리가 물건 값을 지불할 때 세금도 포함해서 내고 있었다니······."

정의는 역시나 정의답게 진지한 고민을 시작한 표정이었지요.

"나도 비슷한 생각이 들어. 우리는 물건 값보다 더 많은 금액을 내는 거고, 물건을 파는 사람은 우리가 낸 가격보다 덜 가져가게 되는 거잖아. 보이지 않게 돈을 떼이는 기분이랄까……."

평등이도 정의와 비슷한 반응을 보였어요. 그러자 정의가 더욱 날카로운 지적을 했지요.

"그리고 우리 어린이들은 소득이 없잖아. 그럼 우리 같은 어린이들이 물건을 구입할 때도 꼭 세금을 내야 할까?"

'굉장히 예리한 지적인데? 하지만 잘 생각해 보렴. 너희가 따뜻한 교실에서 공부할 수 있는 비용은 어디서 나올까? 내가 더 자세히 설명해 주겠어. 리걸 마인드!'

이랑이가 알려주는 세법: 세금은 어디에 사용될까?

▶ **세금의 사용:** 국가가 거둬들인 세금은 나라의 살림을 꾸리는 데 사용됩니다. 기업을 지원하여 경제를 활성화하는 데 쓰이기도 하고, 어려움을 겪는 사람들을 돕는 데에도 활용됩니다.

국민들의 소중한 세금을 나라가 함부로 쓰면 안 되겠지요? 그래서 우리나라는 나라 살림에 사용되는 돈을 법에 따라 엄격하게 사용하도록 정해 두었어요. 대표적으로 '국가재정법', '지방재정법'이 있으며, '정부기업예산법'처럼 특정 분야에만 세금을 사용하도록 원칙을 자세히 규정한 법들도 있답니다.

그리고 여러분이 생활하고 있는 초등학교를 포함한 유치원, 중학교, 고등학교를 운영하는 것도 나라의 세금을 사용하는 대표적인 사례예요. 나라 살림이라는 개념이 워낙 넓고 규모가 크기 때문에 모든 것을 이해하는 것은 어려울 수 있어요. 그러나 여러분의 생활과 밀접하게 관련된 몇 가지 사례를 미리 알아두는 것이 상식적으로 도움이 될 거예요.

세금의 역할과 기능은 크게 세 가지로 나눌 수 있어요. 첫째, 나라의 살림을 꾸리고 경제를 활성화하는 역할이에요. 경제가 발전해야 국민 소득이 높아지고 삶의 질이 향상되기 때문에, 세금은 경제를 발전시키는 중요한 역할을 하지요. 기업을 지원하고, 물품의 생산과 판매뿐만 아니라 새로운 제품을 연구하는 사업을 돕기도 해요.

둘째, 국민의 안전과 건강을 책임지는 역할이에요. 경찰서, 소방서 같은 공공기관이 세금으로 운영되며, 교통안전시설, 지하철, 도로, 공항 등 규모가 큰 시설을 건설하고 유지하는 데에도 세금이 사용돼요.

셋째, 사회적으로 취약한 계층을 지원하는 역할이에요. 경제적으로 어려움을 겪는 사람들을 돕거나, 혼자 사는 노인에게 생필품을 지원하는 등의 복지 사업에도 세금이 쓰인답니다.

그 밖에도 세금이 사용되는 곳은 매우 많아요. 그러니 세금을 낸다고 아깝게 생각하기보다는, 우리의 삶을 더욱 편리하고 안전하게 만들어 주는 중요한 역할을 한다는 점을 기억해야겠지요?

돈을 벌 때도, 쓸 때도 내는 세금

"얘들아, 나한테 좋은 생각이 있어!"

별생각 없이 듣고 있는 줄 알았던 심술이가 갑자기 좋은 아이디어가 떠오른 듯한 얼굴이었어요. 아이들 모두 하던 대화를 멈추고 심술이에게 집중했지요.

"뭔데? 무슨 좋은 생각?"

이랑이는 이럴 때마다 심술이의 아이디어가 늘 기대되었지요.

"물건을 사지 않는 거야. 그럼 세금을 내지 않고 돈을 사용하지도 않으니까 부자가 될 수 있는 거지. 하하하!"

심술이의 엉뚱한 말에 결국 다들 역시나 그럴 줄 알았다는 표정이었어요.

"내가 잠시나마 너의 말에 집중한 것이 잘못이다."

"그러니까. 사람이 어떻게 돈을 쓰지 않고 살 수 있냐! 말이 되는 소리를 해야지."

평등이와 정의가 번갈아가며 심술이에게 핀잔을 주었어요. 그런데 심술이는 오히려 목표를 달성한 듯한 표정으로 우쭐해하고 있었지요. 그런 심술이를 바라보던 이랑이는 무언가 깊은 생각에 잠긴 모습이었어요.

"이랑아, 혹시 심술이가 또 이상한 말을 해서 화난 거야?"

평등이가 걱정스러운 눈빛으로 이랑이를 바라보며 물었어요. 사실 이랑이는 대화의 주제가 엉뚱한 쪽으로 흐르는 것보다 세금에 대한 오해가 생길까 봐 더 걱정하고 있었지요.

'물건을 살 때 내는 세금만 생각하면 세금에 대해 잘못된 오해를 할 수도 있어. 하지만 사실 우리나라에서 가장 많은 비율을 차지하는 세금은 소득세인데……. 아직 소득 개념이 없는 아이들에게 이걸 어떻게 쉽게 설명해야 할까? 리걸 마인드!'

이랑이가 알려주는 세금의 종류와 의미

▶ **소득세** : 개인이 벌어들인 돈에 대해서 걷는 세금입니다. 돈을 많이 벌면 세금도 더 많이 내게 됩니다.

▶ **국세와 지방세**: 세금은 어디에 내느냐에 따라 종류가 달라질 수 있어요. 나라 전체의 살림을 위해 내는 세금을 '국세'라고 하고, 내가 살고 있는 지역의 자치단체에 내는 세금은 '지방세'라고 해요.

앞에서 우리는 돈을 쓸 때 세금을 낸다는 사실을 배웠지요. 그런데 돈을 벌 때도 세금을 내야 한답니다. 돈을 벌 때 내는 세금을 '소득세'라고 해요. 이는 소득의 일정 부분을 국가에 세금으로 내는 것을 말하며, 돈을 많이 버는 사람일수록 더 많이 내야 하는 세금이랍니다. 이렇게 걷힌 세금은 어려운 사람을 돕고, 국가 살림에도 보태 쓰게 되지요.

또한, 세금은 어디에 내느냐에 따라 '국세'와 '지방세'로 나뉩니다. 쉽게 말해, 여러분이 낸 세금이 주로 어디에서 사용되는지에 따라 구분되는 개념이에요. '국세'는 나라 전체의 살림에 사용되는 세금이고, '지방세'는 현재 거주하는 지방자치단체의 살림에 사용되는 세금이에요.

여러분이 매일 아침 걸어오는 보도블록, 마음껏 뛰어놀 수 있는 학교 운동장, 맛있는 급식 모두 소중한 세금이 있기에 누릴 수 있는 것들이랍니다.

(과제활동) **숨겨진 세금 사용처를 찾아라!**

활동 1. 다음 그림에서 우리가 낸 세금이 사용되고 있는 장면을 고르고, 어떤 방식으로 사용되고 있는지 정리하여 봅시다.

도로 공사   노인이나 장애인 돌보기

나라를 지키는 국방   학교

첫째,

둘째,

셋째,

읽을 거리 나라의 살림을 맡는 국가공무원

혹시 여러분은 '공무원'이라는 말을 들어본 적이 있나요? 아마 한 번쯤은 들어봤을 거예요. 부모님의 직업이 공무원이신 경우도 있을 테니까요. 공무원이란 국가기관이나 지방자치단체에서 업무를 맡아 처리하는 사람을 말해요. 그중에서도 국가기관에서 일하는 사람을 '국가공무원'이라고 하지요. 나라를 대표하는 대통령뿐만 아니라 국무총리, 각 정부 부처의 장관도 국가공무원에 속한답니다.

국가공무원은 하는 일이 워낙 다양하기 때문에 어떤 업무를 해야 하는지, 어떻게 하면 될 수 있는지 모두 설명하기 어려울 정도예요. 그러나 나라의 살림을 맡아 수행하는 직업인 만큼 법, 국어, 행정, 경제 등 기본적인 지식과 업무 능력이 필요해요. 그리고 대부분의 공무원은 시험을 통해 선발되는데, 경쟁률이 매우 높아 오랜 기간 준비하는 경우도 많답니다.

공무원은 나라의 살림을 맡아 국민을 위해 일하는 직업이기 때문에 자부심을 가지고 근무하는 경우가 많고, 비교적 고용이 안정적이어서 만족도가 높은 직업으로 알려져 있어요. 그러나 최근에는 악성 민원, 상대적으로 낮은 급여 등의 이유로 지원자가 줄어들고 있다고 해요.

나라를 운영하는 중요한 역할을 하는 공무원, 여러분의 생각은 어떤가요? 충분히 가치롭고 도전해 볼만한 직업일까요? 선생님 혹은 가족, 친구들과 함께 이야기를 나눠 봅시다.

※ 커리어넷 주니어 직업정보(www.career.go.kr) 참조

사랑의 동전을 모으자!

날씨가 제법 쌀쌀해지면서 겨울이 완전히 찾아온 것 같았어요. 곳곳에는 반짝이는 트리가 설치되기 시작했고, 한 해가 마무리되는 것을 알리는 광고 문구와 안내판들이 곳곳에 보였지요.

"여러분, 우리가 함께 공부할 날이 이제 정말 며칠 남지 않았어요. 남은 기간 긴장의 끈을 놓지 말고, 아름답게 초등학교 생활을 마무리해 주기 바랍니다."

선생님께서 수업을 시작하기 전에 당부 말씀을 하셨어요.

"그리고…… 사랑의 동전 모금이 곧 마감됩니다. 혹시 깜빡 잊은 친구들은 목요일까지 꼭 가져오도록 하세요."

학기 초에 나눠 주셨던 '사랑의 동전 모금'에 대한 말씀이었어요. 꽤 오래전에 안내받았던 내용이라 대부분의 아이들이 깜빡하고 있었는지 서로의 얼굴만 쳐다보고 있었지요.

***

다음 날 아침, 몇몇 친구들이 정의의 자리로 모여들었어요.
"우와!"
"이게 뭐야? 엄청 무겁잖아."
정의의 저금통을 보고 다들 감탄했지요.
"정의야, 너 그동안 이렇게나 많이 모은 거야? 용돈을 많이 아껴야 가능했을 텐데……."
이랑이도 정의의 저금통을 보며 감탄하며 말했어요.
"용돈을 아끼는 건 그렇게 어렵지 않았어. 부모님께서 조금 도와주시기도 했고. 동전이 많이 모일수록 어려운 이웃에게 쌀을 많이 구입해서 나눠 줄 수 있대. 그래서 열심히 모았지."
정의의 말을 듣고 친구들은 깜짝 놀랐어요.
"동전을 모아서 쌀을 사서 나눠 준다고? 에이…… 설마 우리나라에 쌀이 없어서 밥을 굶는 사람이 있을까?"
심술이가 믿기지 않는다는 듯 말했어요. 그러자 정의가 가방에서 무언가를 주섬주섬 꺼내더니, 사랑의 동전 모금 안내문을 펼쳐 친구들에게 보여주며 말했어요.

"굶주린 친구들도 많고, 혼자 사는 할아버지, 할머니들도 많대."

친구들은 안내문을 보고 꽤 충격을 받은 듯한 표정이었어요.

"이럴 수가……. 그게 정말이라면 나도 해볼래! 목요일까지라고 하셨지? 우리 모두 최대한 동전을 모아서 가져오자!"

"그래! 알았어!"

정의의 저금통이 친구들의 의지를 불태우게 만들었어요. 이를 지켜보던 이랑이는 마음속이 따뜻해지는 것을 느꼈지요.

'이런 기회를 놓칠 수 없지! 왜 우리가 불우한 사람들을 도와야 하는지 인권에 대해 알아볼까? 리걸 마인드!'

이랑이가 알려주는 인권의 의미

▶ **인권**: 인간이라면 누구나 마땅히 누리고 행사하는 기본적인 자유와 권리를 말합니다.

▶ **인권과 헌법상의 기본권의 차이**: 인권이 누구나 '인간'으로서 가지는 모든 권리를 포함하는 개념이라면, 기본권은 헌법이 보장하는 '국민'의 기본적인 권리를 말합니다.

인권이란 사람이라면 누구나 마땅히 누려야 할 기본적인 자유와 권리를 의미해요. 우리가 앞에서 배운 '기본권'이 헌법으로 보장하는 국민의 권리라면, '인권'은 법과 관계없이 인간이라면 누구나 당연히 보장받아야 할 권리를 뜻하지요. 그래서 일상생활에서는 '기본권'보다 '인권'이라는 말을 더 자주 사용하게 돼요.

이랑이의 친구들이 사랑의 저금통을 모으기로 결심한 이유는 '밥을 굶는 사람들에게 쌀을 나눠주기 위해서'였어요. 밥을 굶는다는 것은 기본적인 생존권조차 보장받지 못하는 상태라고 볼 수 있어요. 식사조차 제대로 할 수 없는 상태라는 것은 인간으로서의 기본 가치와 존엄, 그리고 가장 기본적인 권리마저 보장받지 못하고 있는 상태라고 볼 수 있지요. 그래서 국가와 인권단체들은 이러한 문제를 해결하기 위해 적극적으로 노력하고 있어요.

우리나라는 경제적으로 발전한 나라라서 생존권과 관련된 심각한 인권 침해 사례는 비교적 적은 편이에요. 하지만 개인의 자유 침해, 평등과 차별 문제, 건강과 행복을 누릴 권리 등에 대한 논의는 계속 이루어지고 있지요.

베티의 편지, 그리고 갑작스러운 이별

"여러분, 모두 주목해 주세요. 오늘은 매우 슬픈 소식 한 가지를 전달하게 되었어요."

선생님의 목소리는 미세하게 떨리고 있었고, 친구들 모두 뭔가 심상치 않다는 것을 느끼고 있었어요. 그래서 시끄럽게 웃고 떠들던 친구들도 모두 멈추고 자리로 돌아와 앉았어요.

"오늘부터 베티는 학교에 나오지 않습니다. 내일 어머니의 고향인 필리핀으로 떠난다고 하네요……."

베티는 한국인 아버지와 필리핀 어머니 사이에서 태어났어요. 한국어가 서툴러 선생님과 친구들의 도움을 자주 받긴 했지만, 종종 베티의 서툰 한국어나 외모를 놀리는 친구들도 있었답니다.

"베티는 여러분에게 직접 인사하기 쑥스러워서, 이렇게 편지를 남겼습니다."

선생님은 베티에게 전달받은 편지를 각자에게 나눠줬어요. 받는 사람의 이름은 달랐지만 모두 같은 내용으로 작성되어 있었지요.

==그동안 많이 고맙워. 졸업식을 같이 모레 아쉬워. 행보케.==

삐뚤삐뚤한 글씨에 문법도 엉망이었지만, 편지에 담긴 정성이 아이들 모두에게 충분히 전달되는 듯했어요. 몇몇 친구들을 벌써 눈시울을 붉히고 있었지요.

"애들아, 모여봐!"

이랑이가 친구들을 모으고 비장한 말투로 제안했어요.

"우리 모두의 마음을 담아 롤링페이퍼를 만들자. 그리고 베티에게 전달하는 거야. 내일 출국이라고 했으니 시간은 아직 충분해."

"그런데 이랑아, 너 베티의 집이 어딘지 알아? 그걸 알아야 전달할 수 있을 텐데……."

평등이가 걱정스러운 표정으로 물었어요.

"그건 내가 선생님께 여쭤볼게. 우리 모두의 마음을 전달하기 위해서라면 선생님도 허락하실 거야."

학급 회장이 직접 여쭤보겠다고 나서면서, 롤링페이퍼 만들기는 일사천리로 진행되었어요. 친구들은 쉬는 시간에 화장실에 가야 할 시간까지 아끼며 정성스럽게 꾸미고 있었지요.

'베티야, 거기서도 꼭 행복해야 해.'

'피부색이 까맣다고 놀려서 정말 미안해.'

'그동안 많이 도와주지 못해서 미안해.'

'나중에 꼭 다시 만나자!'

아이들은 각자의 마음을 담아 편지를 썼고, 편지를 다 쓴 친구들은 다양한 색으로 롤링페이퍼를 꾸미고 있었어요.

'베티와의 이별은 슬프지만, 이번 기회에 인권의 사각지대에 대해 생각해 보면 좋겠어. 리걸 마인드!'

이랑이가 알려주는 인권 사각지대

▶ **인권 사각지대**: 주로 장애인, 독거노인, 학교 밖 청소년, 외국인 이주자 가정 등 힘이 없거나 소수자라는 이유로 인권침해를 당하기 쉬운 경우를 뜻합니다.

▶ **다문화가족지원법**: 다문화가족이 안정적으로 가족생활을 하고, 사회구성원으로서 역할과 책임을 다할 수 있도록 지원하는 법입니다.

※ 다문화가족지원법 제1조(목적) 참조

국가는 국민의 인권을 보호하기 위한 다양한 노력을 하지요. 그런데 이러한 국가의 보호가 미치지 못하는 부분을 '인권 사각지대'라고 부릅니다. 장애인, 독거노인, 학교 밖 청소년, 외국인 이주자 가정 등 힘이 없거나 소수인 사람들이 인권 사각지대에 포함됩니다.

특히 다문화가족의 구성원은 우리나라에서 적응하는 데 어려움을 겪는 경우가 많아요. 언어와 문화가 달라 힘들어하는 경우도 많고, 외모가 다르다는 이유로 차별과 멸시를 당하는 일도 있지요. 과거에는 외국에서 우리나라로 이주한 사람뿐만 아니라, 그 가족 전체가 어려움을 겪는 경우도 많았어요.

그러나 다행히 '다문화가족지원법'이 제정된 이후부터는 다문화가족을 위한 교육, 상담, 한국어 교육, 정보 제공 등 다양한 지원을 받을 수 있게 되었어요. 하지만 법으로 모든 것을 해결할 수는 없지요. 우리 모두 외국인과 다문화 가정을 차별하지 않고 동등하게 대하려는 노력을 해야 할 것입니다.

영화 〈원더〉에는 "힘겨운 싸움을 하는 모든 이들에게 친절하라."라는 말이 나옵니다. 새로운 나라에서 적응하는 친구들은 누구나 크고 작은 어려움을 겪고 있어요. 혹시 여러분이 학교에서 다문화 친구들을 만난다면, 항상 친절하게 도와주려는 태도를 가져야 하는 이유랍니다.

누구도 차별받아서는 안 돼

"이제 정말 실감이 나는 것 같아!"

첫 졸업식 연습을 마치고 교실로 돌아오는 길에 평등이가 들뜬 얼굴로 친구들에게 말했어요.

"나도 그래. 어제까지만 해도 졸업이 실감이 안 났는데, 연습이 시작되니 이제 정말 실감이 나는 것 같아."

함께 걷던 정의도 평등이의 말에 동의하며 말했지요.

"그래도 우리 모두 같은 중학교에서 만나지 않겠니? 또 운이 좋으면 같은 반이 되지 않을까?"

심술이가 불쑥 끼어들며 말했어요. 사실 친구 네 명 모두 같은 중학교로 진학하게 된 건 참 다행스러운 일이었지요.

"오, 나는 중학교에서만큼은 박심술과 다른 반이 되고 싶어. 또 요절복통 사건들을 겪고 싶진 않다고!"

이랑이는 고개를 절레절레 저으며 두 손을 모아 기도하는 모습을 취했지만, 심술이는 오히려 더 신이 나서 비슷하게 손을 모으며 말했어요.

"다른 사람은 몰라도, 이랑이만큼은 꼭 같은 반이 되게 해 주시기를 바라옵니다!"

심술이의 말에 친구들은 모두 크게 웃음을 터뜨렸어요.

그때 선생님께서 급하게 계단을 올라오시더니 말씀하셨어요.

"정의야, 심술아. 잠시 선생님 좀 도와줄 수 있니?"

선생님께서는 정의와 심술이를 부르시더니 강당으로 데려가셨어요. 평등이와 이랑이도 궁금해 따라가 보았지요.

"여기에 잠시 앉아 보렴."

강당 무대 앞에는 휠체어 하나가 놓여 있었고, 선생님께서 심술이에게 휠체어에 앉아 보라고 하셨어요. 심술이는 당황했지만, 선생님 말씀대로 휠체어에 앉았어요.

"자, 이제 선생님들 이쪽으로 와 주세요. 하나, 둘, 셋 하면 동시에 드는 겁니다. 하나, 둘, 셋!"

선생님 세 분이 심술이가 앉아 있던 휠체어를 번쩍 들어 올리

시더니, 무대 위로 천천히 옮기셨다가 다시 내려놓으시기를 반복했어요.

"이랑아, 선생님들 뭐 하시는 걸까?"

평등이가 무대 앞에서 선생님들의 모습을 보고 이랑이에게 물었어요.

"아마도, 졸업식 때 휠체어를 탄 학생이 있어서 미리 준비하시는 것 같아. 무대에는 계단밖에 없으니까."

'선생님들 너무 멋져! 어떤 경우에도, 누구라도 차별받아서는 안 되는 법! 리걸 마인드!'

이랑이가 알려주는 차별금지법

▶ **장애인차별금지법**: 장애를 이유로 한 차별을 금지하고, 장애 때문에 차별받은 사람의 권리를 보호하고 회복시키기 위해 제정한 법입니다.
▶ **양성평등기본법**: 정치·경제·사회·문화 등 모든 영역에서 성별에 따른 차별 없이 평등한 기회를 보장하기 위한 법입니다.

※ 장애인차별금지법 제1조(정의), 양성평등기본법 제1조(정의) 참조

우리 주변에서 가장 흔히 볼 수 있는 인권 문제는 바로 차별이에요. 장애가 있다는 이유로, 혹은 상대적으로 힘이 약한 여성이라는 이유로 차별을 당연하게 여기는 사회적 분위기가 문제이지

요. 예를 들어 지하철을 이용할 때 휠체어를 탄 장애인이 탑승하기 어렵거나, 같은 일을 하고 있음에도 여성이 남성보다 적은 임금을 받는 경우, 이는 명백한 차별이라고 볼 수 있어요.

또한, 장애나 성별뿐만 아니라 연령에 따른 차별도 금지해야 해요. 이를 위해 '고령자고용법'이 제정되었어요. 이 법은 55세 이상의 고령자가 합리적인 이유 없이 고용에서 차별받지 않도록 보호하는 법이에요. 우리나라는 점점 고령화 사회로 접어들고 있기 때문에, 고령 노동자의 권리를 보장하는 것이 더욱 중요해지고 있어요.

차별을 금지하고 동등한 대우를 보장하는 것은 인권을 보호하기 위한 가장 기본적인 과제예요. 한때 미국에서는 버스 좌석을 백인과 흑인으로 구분하는 차별적인 제도가 있었어요. 백인은 버스 앞자리에 앉을 수 있었지만, 흑인은 버스 뒤쪽 좌석만 이용해야 했지요. 이런 차별에 불만을 품은 흑인들과 인권 운동가들은 승차 거부 운동을 벌였고, 1년 동안의 긴 노력 끝에 법적으로 인종차별을 금지하는 성과를 이루었어요. 이 사례는 차별을 없애고 평등한 사회를 만들기 위한 대표적인 인권운동의 모범 사례로, 전 세계적으로 널리 알려져 있답니다.

(과제활동) **표현의 자유와 인권 침해, 여러분의 생각은?**

활동 1. 아래의 사례를 자세히 살펴보고 교복 착용과 인권 침해 논란에 대하여 나의 의견을 정리하여 봅시다.

> "차별 없는 학교" vs "학교가 군대냐"… 교복 부활을 둘러싼 논란
>
> 자율성과 개성을 중시하는 것으로 알려진 나라 프랑스가 최근 교복 착용을 도입하는 실험을 시작했습니다. 학교의 권위를 회복하고, 학생들 간의 차별을 줄이려는 취지라고 하는데요. 학부모들의 반응은 엇갈리고 있습니다.
> "교복은 사회적 불평등을 줄이고, 학생들이 외모나 옷차림을 이유로 조롱당하는 것을 방지하는 데 도움이 될 것이다."라고 주장하는 의견이 있는 반면, "교복 착용은 학교를 마치 군대처럼 만들고, 학생들의 표현의 자유를 억압하며 맹목적인 복종을 강요하는 것과 다름없다."라는 반대의견도 나오고 있습니다.

나는 교복이 다시 부활하는 것에 대하여 (찬성/반대)한다.

그 이유는, _____

_____

_____

_____

_____

> 읽을 거리

국가인권위원회는 어떤 일을 하나요?

'국가인권위원회'는 2001년경 국민의 인권을 보호하고 인간으로서의 존엄과 가치를 실현하기 위해 만들어진 특별한 국가기관입니다.

누구나 국가 또는 지방자치단체로부터 불공정한 대우를 받거나 권리를 침해당한 경우 국가인권위원회에 진정을 제기할 수 있어요. 국가인권위원회는 사안을 조사한 뒤 인권침해라고 판단할 경우 해당 기관에 고칠 것을 요구할 수도 있습니다.

예를 들어 예전에는 살구색 크레파스를 '살색'이라고 표기했었어요. 그런데 2021년 11월 몇몇 외국인들이 국가인권위원회에 '인간의 살색은 다양함에도, 특정한 색깔만을 살색으로 표기한 것은 차별이다.'라고 진정을 제기했어요. 생각해 보면 흑인의 피부색은 검고 백인의 피부색은 흰색인데, 살구색만을 살색이라고 표기하는 것은 이상하지요. 국가인권위원회는 2002년 8월 외국인들의 진정내용이 '차별'이라고 인정하고, 앞으로 '살색'이 아닌 '연주황'으로 바꾸도록 권고했습니다.

이후 2004년 8월, 이번에는 초·중등학생 여섯 명이 '어려운 한자어인 연주황을 사용하는 것은 어린이에 대한 차별이다.'라고 또다시 국가인권위원회에 진정을 제기했고, 결국 2005년 5월부터 '연주황'이 아닌 '살구색'으로 색깔 표기를 바꾸게 되었답니다.

여러분도 앞으로 주변의 작은 차별도 눈여겨보며, 함께 인권침해 없는 사회를 만들어 가요!

※ 국가인권위원회(https://www.humanrights.go.kr/) 참조

> 진로탐색 **억울한 사람이 없도록, 나는 판사!**

드라마나 영화에는 법정에서 엄격한 표정으로 판결을 선고하는 판사가 자주 등장합니다. 그렇다면 판사라는 직업은 구체적으로 어떤 일을 하고, 어떻게 하면 판사가 될 수 있을지 함께 알아볼까요?

질문 1. 판사는 어떤 일을 하는 사람인가요?

판사는 법원에서 재판을 진행하며, 증거를 바탕으로 사건을 공정하게 판단하는 사람입니다. 판사는 사실관계와 법리를 모두 고려하여 판결문을 작성하는데, 이때 사건에 적용되는 법률을 꼼꼼히 해석해서 법의 취지에 맞는 판결을 내립니다.

또한, 재판을 진행하면서 법정의 질서를 유지하는 역할도 합니다. 재판 도중 불필요한 행위나 원칙에 어긋나는 행동이 발생하면 이를 제지하고 경고를 주지요. 이와 더불어, 검사의 요청이 있을 경우 체포나 구속 영장을 발부하는 역할도 수행합니다.

질문 2. 판사가 되기 위해서는 어떤 과정을 거쳐야 하나요?

판사가 되기 위해서는 먼저 변호사 자격을 취득해야 합니다. 따라서 로스쿨(법학전문대학원)을 졸업한 후 변호사 시험에 합격해야 하지요.

그다음, 변호사로서 5년 이상의 경력을 쌓은 후 법관 선발 절차를 거쳐야 판사가 될 수 있습니다.

질문 3. 판사가 되기 위해 어떤 노력을 해야 할까요?

판사가 되기 위해서는 변호사와 마찬가지로 로스쿨에 입학해야 하므로, 책을 많이 읽고 논리적으로 사고하는 습관을 기르는 것이 중요합니다. 또한 로스쿨에 입학한 이후에도 성적을 잘 받아두어야 합니다. 로스쿨에서의 성적이 판사 임용 과정에서 반영되기 때문이지요.

뿐만 아니라 판사에게는 어느 한쪽의 주장만 듣지 않고 균형 있게 판단하는 '균형감각'이 필요합니다. 또한 다양한 사건을 이해하기 위해 폭넓은 '지식과 경험'도 갖춰야 하지요. 따라서 학창 시절에는 공부를 열심히 하는 것뿐만 아니라, 책을 많이 읽으며 간접 경험을 쌓는 것도 중요합니다.

질문 4. 판사가 되었을 때, 장점과 단점이 궁금해요.

판사는 법과 정의를 실현하는 중요한 역할을 하며, 사회에 기여하는 보람을 느낄 수 있는 직업입니다. 또한 공무원 신분이기 때문에 고용 안정성이 보장된다는 장점도 있지요.

그러나 판사 1인당 맡아야 하는 사건 수가 많아 업무량이 상당하고, 그로 인한 스트레스를 받는 경우가 많습니다. 또한 자신의 판결이 다른 사람의 인생에 큰 영향을 미칠 수 있기 때문에, 항상 신중하고 공정하게 판단해야 한다는 부담도 크다는 점이 단점으로 꼽힙니다.

질문 5. 존경할 만한 판사님을 소개해 주세요.

  우리나라 대법원 로비에는 가인 김병로 선생님의 동상이 있습니다. 1887년에 태어난 김병로 선생님은 일제 강점기 당시 의병 투쟁에 참가하던 중, 일본을 이기고 국민을 보호하기 위해서는 법을 공부해야 한다는 생각을 하게 되었습니다. 이에 일본으로 유학을 떠나 법학을 전공하였고, 매우 우수한 성적으로 졸업하셨습니다.

  이후 일본에서 큰돈을 벌 수 있는 기회가 여러 번 있었지만, 이를 모두 거부하고 고국으로 돌아와 독립투사들의 변호를 맡으며 조국을 위해 헌신하셨습니다. 해방 후에는 초대 대법원장으로 임명되어 대한민국 사법부의 기틀을 세우는 데 온 힘을 쏟으셨습니다.

  국가에서는 김병로 선생님의 업적과 정신을 기리기 위해 대법원에 그의 동상을 세웠으며, 매년 로스쿨 학생들을 대상으로 '가인 법정 변론 경연대회'를 개최하고 있다고 합니다.

* EBS 지식채널e - '대법원장의 말(言) - 가인 김병로'
  영상 보기

2장

인공지능이 판사를 대신할 수 있을까?

미래의 법

눈물의 졸업식, 그리고 이별

"이제 졸업장 수여를 모두 마쳤습니다. 다음 순서로, 특별상을 수여하도록 하겠습니다."

졸업식장에 앉아 있는 아이들은 어느 때보다도 진지한 표정이었어요. 심술이마저도 평소 장난기 가득한 모습은 온데간데없이 사라지고, 차분한 태도로 졸업식에 집중하고 있었지요. 많은 친구들이 이미 터질 듯한 눈물을 간신히 참고 있는 모습이었어요.

"임이랑, 이정의, 권평등, 박심술 학생, 단상으로 올라와 주기 바랍니다."

이랑이와 친구들은 깜짝 놀라 당황한 표정을 감추지 못했어요. 다들 특별상 명단에 자신의 이름이 있다는 사실을 전혀 몰랐기 때문이에요. 사실, 특별상 수여는 두 번이나 진행된 졸업식 연습에도 포함되지 않았던 식순이었지요.

'내가 왜 특별상을 받는 것일까?'

당황한 표정으로 얼떨결에 단상 위로 올라간 이랑이와 친구들은 바른 자세로 서서 교장선생님을 응시했어요.

"특별상, 멀리깊이초등학교 6학년 1반 임이랑, 이정의, 권평등, 박심술."

교장선생님께서는 친구들의 이름을 부른 뒤, 상장의 내용을 차분한 목소리로 읽어 내려갔어요.

"위 학생들은 평소 학교와 교실 규칙을 준수하여 타의 모범이 되었을 뿐만 아니라, 친구들의 고민을 마치 자신의 고민처럼 여기며 어려움을 겪는 친구들을 도와주는 일에 망설임이 없었기에 이를 칭찬합니다."

"와아!"

상장을 받고 인사를 한 뒤, 뒤로 돌아 친구들을 향해 인사를 하려는 순간, 큰 박수와 함께 갑자기 함성이 터져 나왔어요. 이랑이와 친구들은 여전히 얼떨떨한 표정이었지요. 특히 이랑이는 학교에서 상장을 받아본 지 20년이 넘었을 거예요.

"야, 임이랑. 나중에 한턱내야 한다!"

자리에 앉자마자 주변 친구들이 씨익 웃으며 장난스럽게 말했어요.

"착한 일을 해서 상장을 받은 건데, 이랑이가 왜 한턱을 내야 하냐? 사실 진짜 한턱내야 하는 건 심술이야, 박심술!"

정의의 말을 듣고 친구들은 한바탕 크게 웃었어요. 사실 심술이는 친구들을 도와준 적도 많았지만, 사고의 중심에 있었던 적도 많았기 때문이지요. 심술이도 그 사실을 인정했는지 씁쓸한 웃음을 띠며 고개를 끄덕였어요.

"오늘은 다들 가족과 시간을 보낼 테니까, 우리 내일 만날래?"

울먹임을 겨우 멈춘 평등이가 친구들에게 제안했어요.

"만나서 떡볶이도 먹고, 중학교 생활 이야기도 좀 하고. 어때?"

"좋은 생각이야!"

평등이가 더욱 적극적으로 말하자 친구들 모두 기쁘게 동의했어요.

곧 졸업식이 끝났고, 친구들은 각자 가족과 함께 기념사진을 찍으며 추억을 남겼어요. 졸업식을 마치고 나서야 이랑이와 친구들은 초등학교 생활이 끝났다는 사실이 실감 나기 시작했는지, 하나둘 눈물을 흘리기도 했답니다.

집으로 돌아온 이랑이는 오늘 받은 특별상을 다시 꺼내 보았어요. 한참을 바라보며 무언가 깊이 생각에 잠기던 이랑이는 이

내 결심한 듯 책상에서 편지지와 봉투를 꺼냈지요.

'그래, 내가 한턱 쏜다, 얘들아.'

그렇게 내일 만나기로 한 심술이, 정의, 평등이에게 정성스레 편지를 썼어요. 그리고 봉투 안에는 영화 티켓을 사거나 책을 구입할 수 있는 상품권을 한 장씩 넣었지요.

할 말이 얼마나 많았는지, 이랑이는 늦은 밤까지 편지를 쓰다가 어느새 스르르 잠이 들고 말았어요.

꿈 같았던 초등학교 생활이 끝나고

"이랑아, 빨리 일어나야지!"

이랑은 엄마의 잔소리에 겨우 눈을 떴어요. 기지개를 켜며 침대에서 일어나려 했지만, 몸이 유난히 무겁게 느껴졌어요. 결국 다시 이불속으로 파고들었지요.

'나 어제 졸업했잖아. 학교에 안 가도 되니까 조금 더 자야지.'

당분간 학교에 나갈 일은 없으니 늦잠을 좀 더 자도 괜찮다고 생각했어요. 그런데,

"어휴! 얘가 도대체 왜 이래? 초등학생 때처럼……. 빨리 일어나! 빨리 아침 먹고 출근해야지!"

엄마의 잔소리가 점점 더 커졌어요. 그런데 그 말 속에 익숙하면서도 낯선 단어가 섞여 있었어요.

'출근?'

이랑은 화들짝 놀라 자리에서 벌떡 일어나 거울 앞으로 달려갔어요. 그리고 거울 속 자신의 모습을 본 순간, 비명을 지르고 말았지요.

"악!"

갑자기 들려온 비명에 놀란 엄마가 급히 방으로 뛰어왔어요.

"이랑아, 무슨 일이야? 갑자기 왜 그래?"

이랑은 휘둥그레진 눈으로 엄마를 쳐다보았어요. 그런데 이상하게도 엄마는 다시 본래의 모습으로 돌아가 있었어요. 이 낯설면서도 익숙한 광경이 더욱 혼란스러웠지요.

"왜 그러냐고? 혹시 재판 날짜를 깜빡하기라도 한 거야?"

말문이 막혀 멍하니 있던 이랑을 보고 엄마는 걱정스러운 얼굴로 물었어요.

'아니, 어제까지만 해도 분명히…….'

거울을 다시 보니, 거기에는 분명 성인이 된 자신의 모습이 비치고 있었어요.

"아니, 얘가 도대체 왜 이러는 거야? 아침부터……. 시간 늦었어! 빨리 출근할 준비 해야지!"

엄마의 다그침에 이랑은 정신을 차릴 새도 없이 아침밥을 허겁지겁 먹고, 가방을 챙겨 집을 나섰어요. 다행히도 사무실이 어디에 있고 어떻게 가야 하는지는 어렴풋이 기억이 나고 있었어요.

그렇게 하루를 간신히 버텨낸 이랑은 녹초가 된 몸을 이끌고 겨우 집으로 돌아왔답니다.

'이게 뭐지?'

퇴근 후 집에 도착한 이랑은 책상 위에 놓인 공책을 발견했어요. 어제까지만 해도 분명 공책이 아니라 편지를 쓰고 있었는데 말이에요.

"초등학생에게 필요한… 법률 상식?"

공책 속에는 작은 글씨로 빼곡하게 정리된 내용이 적혀 있었어요. 첫 페이지에는 큼지막한 글씨로 '초등학생에게 필요한 법률 상식' 이라는 제목이 쓰여 있었지요.

'그래, 맞아. 초등학생으로 돌아가기 전에 나는 초등학생들에게 들려줘야 할 법률 이야기를 고민하고 있었지.'

이랑은 피곤한 몸을 이끌고 다시 책상 앞에 앉았어요. 그리고 펜을 들고 다시 내용을 정리하기 시작했지요.

하루 전까지만 해도 초등학생이었던 이랑. 하지만 지금 그의 모습에서는 더 이상 초등학생의 흔적을 찾아볼 수 없었어요.

이랑이가 알려주는 초등학생에게 필요한 법률 상식

▶ **형법:** 형법은 어떠한 행위가 범죄가 되는지, 그러한 범죄를 저질렀을 때 어떤 처벌을 받게 되는지를 규정하고 있는 법입니다.
▶ **민법:** 개인 간의 관계에서 지켜야 할 규칙을 정해 놓은 법입니다. 개인의 권리·의무를 비롯해 가족·친족 관계 등에 관한 사항을 정해 놓고 있습니다.
▶ **공법:** 국가의 조직이나 국가기관과 개인의 관계에 대한 법입니다. '법 중의 왕'이라 불리는 헌법이 대표적인 공법이고, 행정부의 조직과 작용에 대한 행정법, 세금에 대한 것을 규정한 세법 등이 포함됩니다.

다시 만난 친구들

"모두 정숙해 주세요."

마이크를 잡은 교감선생님께서 엄중한 목소리로 학생들에게 안내했어요. 그리고 멀리깊이초등학교 강당에 모인 6학년 학생들에게 오늘 있을 특별 수업에 대해 천천히 설명하셨어요.

"오늘은 매우 뜻깊은 날입니다. 평소 여러분과 같은 어린이의 인권과 소년법에 깊은 관심을 가지시고, 어려움을 겪는 어린이들을 위해 꾸준히 봉사해 오신 임이랑 변호사님을 모시게 되었습니다."

드디어 변호사 이랑이 초등학생들 앞에서 강연하는 날이 온 것이었어요.

"오늘 변호사님께서는 초등학생이 알아야 할 법률 상식과 법을 공부할 필요성에 대해 자세히 알려주실 겁니다. 큰 박수로 임이랑 변호사님을 맞이해 주세요."

"와아!"

학생들은 박수와 함성으로 이랑을 맞이했어요. 며칠 전까지만 해도 그들과 함께였던 것처럼 느껴지는 순간이었지요.

"여러분, 안녕하세요. 변호사 임이랑입니다. 만나서 반갑습니다."

어른이 된 변호사 이랑은 학생들에게 인사를 한 뒤, 강당에 앉아 있는 학생들을 쭉 둘러보다가 깜짝 놀라고 말았어요.

'아니, 어떻게 저 녀석들이!'

맨 앞줄에 너무나도 익숙한 얼굴 세 명이 앉아 있었기 때문이에요. 꿈인지 현실인지 모를 그곳에서 함께했던 평등이, 심술이, 정의의 얼굴과 똑같았어요. 물론, 당연히 그 친구들은 변호사 임이랑이 누구인지 전혀 알아보지 못했지요.

'그래. 내가 그곳에 다녀온 이유가 있다면, 바로 오늘을 위해서일 거야.'

마음을 다잡은 이랑은 천천히 강의를 시작했습니다.

"여러분, 오늘은 저에게도 매우 의미 있는 날이에요. 여러분을 만나니 20년도 넘은 저의 초등학교 시절이 떠올랐거든요. 그리고 자연스럽게 제가 초등학교에 다니던 시절과 지금을 비교하게 되었어요. 세상이 얼마나 변해 왔는지를 곱씹어 보면서요."

강당 안은 숨소리조차 들리지 않을 만큼 조용해졌고, 아이들과 선생님 모두 이랑의 말에 집중하고 있었어요.

"지난 20년 동안 많은 것들이 발전하고 훨씬 좋아졌어요. 그러나 여전히 세상에는 어려움을 겪는 사람들이 많답니다. 법은 어려움에 처한 약자를 돕고, 더 좋은 세상이 될 수 있도록 하는 중요한 수단입니다."

이랑은 한때 친구였던 평등이, 심술이, 정의의 얼굴을 차례로 바라보며 조용히 미소를 지었어요. 그리고 다시 아이들을 향해 말을 이었지요.

"오늘 제가 전할 이야기는, 여러분의 미래에 대한 이야기입니다. 그리고 여러분이 성인이 되어 살아갈 20년 후에는 지금보다 더 어려운 사람들이 줄고, 행복한 사회가 되기를 기대하며 전하는 이야기이기도 해요."

모든 아이들의 눈빛이 반짝이며 이랑의 말에 더욱 집중하기 시작했어요. 그렇게, 이랑의 강연이 시작되었습니다.

이랑이가 알려주는 미래사회를 위한 법의 역할

- **질서 유지**: 법은 사람들 사이의 규칙과 국가 통치의 원칙을 정하여 사회 질서를 유지하고, 혼란이나 갈등을 사전에 예방하는 역할을 합니다.
- **권리 보호**: 법은 개인의 생명과 재산을 보호하고, 누구나 자신의 권리와 자유를 누릴 수 있도록 보장하는 역할을 합니다.
- **분쟁 해결**: 사람들 간 발생하는 분쟁이나 갈등을 해결할 수 있는 절차를 마련하고, 공정한 해결을 도와줍니다.
- **정의로운 사회**: 잘못된 행동에 대해 책임을 지게 함으로써 사회 정의를 실현하는 데 기여합니다.
- **공정한 사회**: 모든 사람이 동등하게 대우받을 수 있도록 보장하며, 법 앞에 평등하다는 원칙이 지켜질 수 있도록 합니다.

    변호사 이랑이 미래사회를 주도할 학생들에게 가장 먼저 강조하고자 하는 것은 법의 역할입니다. 법은 사람들 사이에서 발생하는 갈등이나 다툼을 예방하고, 만약 갈등이 발생하더라도 원칙과 절차에 따라 해결할 수 있는 방법을 안내하는 역할을 합니다. 또한, 국민의 자유와 권리를 보장하며, 이를 침해하는 행위에 대해 엄중한 처벌 기준을 마련함으로써 사회 질서를 유지하는 역할을 합니다. 이러한 법의 역할에 대한 분명한 이해가 바탕이 되어야만 법을 존중하고 잘 지키려는 마음가짐을 가질 수 있기 때문에, 이랑은 이를 가장 중요하게 강조하고자 하는 것입니다.

따라서 법에 대한 지식을 안내하는 것과 동시에 준법 의식을 갖는 것이 무엇보다 중요합니다. 모든 국민이 법을 존중하고 법질서를 잘 지킬 때 모든 사람이 동등하게 대우받을 수 있으며, 법 앞에서 평등하다는 인식을 가질 수 있기 때문이지요. 또한, 잘못된 행동에 대해 명확한 책임을 지게 함으로써 사회 정의를 실현하는 것도 법질서가 존중받을 때 가능해집니다.

결국, 미래사회를 위한 법의 역할에 대한 이해와 법질서 확립의 중요성을 깨닫는 것이야말로 밝고 공정한 사회를 만드는 주춧돌이 될 수 있습니다.

인공지능(AI)의 등장과 법률의 변화

"여러분은 AI에 대해 얼마나 알고 있나요?"

변호사 이랑이 학생들에게 질문을 던졌어요.

"인공지능이요!"

"챗GPT요!"

여기저기서 학생들이 자신이 아는 AI에 대해 말하기 시작했어요.

"네, 맞아요. AI는 아티피셜 인텔리전스(Artificial Intelligence)의 약자로, '인공지능'을 뜻하는 영어 표현이에요. 지금까지 우리가 사용하던 컴퓨터나 스마트폰은 인간이 만든 프로그램 안에서만

작동했고, 사용자가 구체적인 명령어를 입력해야만 실행되는 방식이었어요. 그런데 AI는 인간처럼 학습하고, 추리하고, 논증할 수 있는 컴퓨터 시스템이에요.

논증
어떤 주장이나 의견이 옳다는 것을 논리적인 근거와 증거를 들어 증명하는 과정을 말해요.

여러분 중에는 AI 챗봇과 대화를 해본 친구도 있을 테고, AI 스피커에 날씨를 물어본 친구도 있을 거예요. AI는 여러분이 무엇을 물어보든 모르는 것 없이 똑똑하게 대답해 줬을 거예요.

오늘날 AI는 단순히 정보를 제공하는 것을 넘어 그림을 그리거나, 음악을 작곡하는 등 창작까지 할 수 있는 수준으로 발전했어요.

이처럼 AI 기술이 빠르게 발전하면서, 법률 분야에서도 AI의 역할이 점점 커질 것이라고 많은 사람들이 예상하고 있답니다."

인공지능(Artificial Intelligence, AI)이란?

▶ **AI(Artificial Intelligence)**: 사람처럼 생각하고 행동할 수 있도록 만든 인공적인 지능이에요. 마치 지능이 있는 것처럼 배우고, 생각하고, 행동할 수 있는 똑똑한 시스템이라고 할 수 있어요.

"한번 상상해 볼까요? 아침에 일어나서 AI가 추천해 준 음악을

176

듣고, AI가 예측한 날씨를 보고 옷을 고르고, 학교에서는 AI가 도와주는 학습 프로그램으로 공부합니다. 이 모든 것이 벌써 가능하다는 사실, 알고 있었나요?

AI는 우리 생활 곳곳에서 다양한 모습으로 활약하고 있어요. 그런데 AI가 이렇게 똑똑한 비결은 무엇일까요? 그 비결은 바로 AI가 '학습'할 수 있기 때문이에요.

예를 들어, 우리가 AI에게 100장의 강아지 사진과 100장의 고양이 사진을 보여준다고 상상해 보세요. 처음에는 AI가 둘을 구분하지 못할 수도 있어요. 하지만 점점 더 많은 사진을 보면서 AI는 '이건 강아지구나!', '이건 고양이네!' 하고 배울 수 있어요. 그래서 나중에는 우리가 어떤 사진을 보여줘도 정확하게 맞힐 수 있게 되는 거예요!

AI는 이렇게 배운 내용을 바탕으로 사회의 문제를 해결하는 데도 도움을 줄 수 있어요. 예를 들어, 환경 보호를 생각해 봅시다. AI는 수많은 데이터를 분석해 어떤 지역에서 쓰레기가 많이 나오는지, 어떻게 하면 재활용을 더 잘할 수 있는지 등을 알려줘요. 또 교통 체증 문제도 AI가 해결할 수 있답니다. 많은 자동차의 움직임을 분석해 가장 빠른 길을 찾아주고, 언제 어디서 차가 막힐지 예측해 줄 수 있어요.

그럼 AI는 앞으로 어떤 역할을 할까요? 여러분이 상상하는 거의 모든 일이 가능해질 수 있어요. AI가 여러분에게 딱 맞는 공부 방법을 찾아서 학습을 도울 수 있고, AI 의사가 건강 상태를 예측해 여러분이 더 건강하게 지낼 수 있도록 도와줄 수도 있을 거예요."

미래의 판사는 모두 AI라고?

"그런데 AI가 더 발전하면 변호사님이 일자리를 잃게 되는 거 아닐까요?"

이랑이 AI와 법률 분야에 대해 설명하던 중, 갑자기 심술이가 손을 번쩍 들며 질문했어요. 이미 심술이에게 익숙했던 임이랑 변호사는 당황하지 않고 차분하게 말을 이어나갔습니다.

"맞아요. 방금 질문처럼 AI가 워낙 발달하다 보니, '변호사나 판사 같은 전문적인 지식을 가진 직업이 AI 때문에 사라지는 것은 아닐까?' 하고 걱정하는 사람들이 많아요."

학생들은 이랑의 말에 고개를 끄덕이며 공감하는 듯했어요.

"요즘 많은 사람들이 AI가 판사를 대신해야 한다는 주장을 하기도 해요. 뉴스에서 보면, 나쁜 범죄를 저지른 사람이 너무 가벼운 처벌을 받는 경우가 종종 있기 때문이죠. 여러분은 어떻게 생각하나요? AI가 판사를 대체하면 좋을까요?"

학생들은 서로를 멀뚱멀뚱 쳐다보았어요. 평소에 한 번도 깊이 생각해 본 주제가 아니었기 때문이죠.

"여러분은 이런 주제가 자신과는 크게 관련이 없다고 생각할 수도 있어요. 하지만 AI가 판사를 대신하게 되는 것은 바로 내일이 아니라, 여러분이 어른이 되어 살아가게 될 미래의 일이에요. 그렇기 때문에, 초등학생 때부터 AI에 대해 고민해 볼 필요가 있답니다.

이제 제가 두 가지 상황을 소개할 텐데, 이 사례들을 듣고 나면 여러분도 AI가 과연 판사를 대체할 수 있을지, 또는 대체해야 하는지에 대해 자신의 생각을 정리해 볼 수 있을 거예요."

김엄격 판사와 최따뜻 판사

"김엄격 판사는 모든 피고인들에게 엄격한 판결을 내리기로 유명해요. 아무리 배가 고파서 음식을 훔쳤다고 해도, 절도죄는 절도죄이므로 일반적인 절도죄와 똑같이 처벌합니다.

반면, 최따뜻 판사는 피고인의 사연 하나하나에 관심을 기울이고, 각각의 상황을 고려해서 판결을 내립니다. 예를 들어, 피고인이 너무 배가 고파 음식을 훔친 경우에는 그 사정을 충분히 고

> **선처**
> 잘못을 저지른 사람의 상황을 고려하여 너그럽게 처리하는 것을 의미해요.

려해 다음에 같은 잘못을 하지 않겠다는 약속을 조건으로 **선처**해 주는 경우도 있었지요.

어떤가요? 똑같이 절도를 했지만, 판사마다 처벌이 다르다면 이것이 공평한 걸까요?"

"그건 너무 불공평한 거 아냐?"

"그래도 너무 배고파서 훔친 건 다르게 봐줘야지."

학생들은 저마다 의견을 나누며 고민에 빠졌어요.

이랑은 친구들끼리 열띤 토론을 벌이는 모습을 흐뭇하게 바라보며 말을 이어갔습니다.

"이 질문에는 정답이 없어요. 어떤 가치가 더 중요한지, 여러분 나름대로 생각해 보고 그 이유를 스스로 정리해 보는 과정이 중요하답니다."

AI 판사는 이해할 수 없는 마음

"그럼 두 번째 사례를 함께 살펴볼까요? 이번에는 AI 판사가 실제로 재판을 맡게 되는 상황을 한 번 상상해 보겠습니다. 어떤 사람이 길을 가던 중, 돌로 된 담장의 작은 틈에 낀 고양이를 발견했습니다. 그는 고양이를 구하기 위해 담장을 부쉈고, 결국 이 행동 때문에 재판을 받게 되었습니다. 이때 AI 판사는 이렇게 판결할 것입니다.

'피고인은 타인의 담장을 부쉈으므로, 형법 제366조 재물손괴죄에 해당한다. 따라서 3년 이하의 징역 또는 700만 원 이하의 벌금에 처한다.'

AI 판사는 사람보다 훨씬 빠른 속도로 법 조항을 찾아내 적용할 것입니다. 어떤가요? 피고인이 다른 사람의 담장을 부순 것은 범죄가 맞으므로, AI 판사의 판결을 그대로 받아들여야 할까요?"

학생들은 심각한 표정으로 고민하기 시작했습니다.

"고양이를 구하려고 했던 건 봐줘야 하지 않을까?"

"그런데 AI 판사가 그런 걸 이해해 줄까?"

학생들은 이랑이 의도했던 대로 깊이 있는 고민을 하기 시작했어요. 이랑은 학생들의 반응을 살피며 말을 이어갔습니다.

"AI 판사는 오로지 법률과 판례 데이터만을 근거로 판결을 내릴 거예요. 하지만 법률과 판례 데이터에는 없는, 이 사건만의 특별한 사정을 고려해 주기는 어렵겠죠. 판사가 각 피고인이 처한 상황을 들여다보고 고민하는 것은 단순한 법 조항 적용이 아니라, '정의로운 마음'에서 비롯된 것이니까요. 설령 AI 판사에게 '고양이를 구하려 했던 사정'을 설명한다고 해도, AI 판사가 동물을 구하고자 하는 따뜻한 마음을 진정으로 이해할 수 있을까요?"

AI와 법률, 그리고 변호사

"어떤가요? 서로 다른 두 가지 사례를 보고 나니, AI 판사가 꼭 좋은 것만은 아닐 수도 있겠다는 생각이 드나요?"

"네!"

학생들은 임이랑 변호사의 이야기에 큰 깨달음을 얻은 듯한 표정이었어요.

그때 갑자기 심술이가 손을 번쩍 들며 질문했습니다.

"그렇지만 변호사는 진짜 AI가 더 잘할 것 같아요! 몇 초 만에 법 몇 조 몇 항인지 금세 찾아낼 테니까요."

이랑은 심술이의 질문에 당황하지 않고 차분히 말을 이어갔습니다.

"어떤 부분에서는 맞아요. AI는 인간보다 정보 처리 속도가 훨씬 빠르기 때문에, 단순히 암기력만 비교한다면 인간 변호사가 AI 변호사를 이기기는 힘들겠죠.

그런데 여러분이 법에 대해 조금 오해하는 부분이 있는 것 같아요.

법은 계속해서 변합니다. 여기서 중요한 건 단순히 법이 변한다는 사실이 아니라, '왜 변하는지?'예요. 자, 여러분. 법은 왜 계속 바뀔까요?"

이랑의 질문이 어려웠는지, 학생들은 선뜻 대답하지 못했어요.

"법은 예전 법에 어떤 문제가 있거나, 사회의 변화에 맞추기 위해 바뀝니다. 즉, 인간은 끊임없이 '문제의식'을 가지고 더 나은 방향으로 변화하려고 노력하죠. 그런데 AI는 자신이 학습한 데이터 안에서만 결론을 내립니다. 변화의 필요성을 찾지 못하고, 새로운 생각을 해내지도 못해요."

이랑은 학생들의 표정을 살피며 생각했습니다.

'어라? 아이들이 잘 이해하지 못하는 것 같네. 좀 더 구체적인 예를 들어야겠다.'

그러고는 학생들에게 더 쉬운 사례를 소개하기로 했습니다.

"여러분에게 이태영 변호사와 호주제 폐지에 대한 이야기를 들려줄게요. 이 이야기를 듣고 나면 법이 왜 계속 변하는지, 또 AI의 한계가 무엇인지 정답을 찾을 수 있을 거예요."

이태영 변호사와 호주제의 폐지

 "이태영 변호사는 대한민국 최초의 여성 변호사이자 독립운동, 여성운동, 민주화운동을 했던 변호사입니다. 6·25 전쟁 당시, 서른아홉 살의 나이로 고등고시에 합격하여 대한민국의 첫 여성 변호사가 되었지요.

 이태영 변호사는 변호사가 된 후, 사회에 만연해 있던 성차별을 없애기 위해 많은 노력을 기울였어요. 그중에서도 '호주제 폐지' 운동은 가장 대표적인 업적입니다.

 호주제란 '호주(가족의 대표)'를 중심으로 가족을 등록하는 제도였습니다. 문제는 그 호주는 언제나 '남자'가 우선이 된다는 점이었어요. 예를 들어 원래 호주였던 아버지가 돌아가시면 그다음 호주는 어머니가 아니라 어린 아들이 되었습니다. 이제 막 태어난 갓난아기라도 '남자'라는 이유만으로 어머니보다 앞서 '가족의 대표'가 될 수 있었던 것이지요.

 또 다른 예로 부모님이 이혼을 하고 자녀가 어머니와 함께 살더라도 어머니는 자녀의 '동거인'이 될 수밖에 없었습니다. 왜냐하면, 자녀의 호주는 여전히 아버지로 등록되었기 때문이지요. 호주제는 과거 남성 중심적이었던 우리 사회상을 잘 반영한 법이었습니다. 어떤가요?"

"와 말도 안 돼. 불공평해!"

"그러니까. 남자와 여자는 다를 게 없는걸!"

학생들이 크게 웅성거리기 시작했어요. 어떤 여학생은 주먹을 불끈 쥐며 분노하기까지 했지요. 이랑은 학생들의 반응을 바라보며 말을 이어갔습니다.

"이태영 변호사는 호주제가 부당하다고 주장하며, 폐지를 위해 계속 싸웠어요. 그리고 이태영 변호사가 돌아가신 후에야 호주제가 완전히 폐지되었답니다. 만약 이태영 변호사와 같은 사람들이 계속해서 호주제의 문제점을 지적하지 않았다면, 우리는 아직도 호주제가 남아 있는 세상에서 살고 있을지도 몰라요.

그렇다면, 과연 AI 변호사는 문제가 있는 법을 폐지하거나 바꾸자고 주장할 수 있을까요?"

학생들은 그 어느 때보다 진지한 얼굴로 임이랑 변호사의 이야기에 빠져들고 있었습니다.

미래의 인권은 어떻게 달라질까?

로봇이 인간을 대체한다면

"변호사님 말씀을 들으니, AI가 판사나 변호사의 역할을 대신하기에는 아직 부족하다는 걸 알겠어요. 하지만 다른 직업들은 AI와 로봇으로 많이 대체될 것 같아요."

정의가 고민스러운 얼굴로 말했습니다.

"그럼 AI와 로봇 때문에 일자리를 잃는 사람들은 어떻게 되는 거예요?"

심술이 역시 걱정스러운 얼굴로 물었어요. 변호사 이랑은 학생들의 질문을 듣고 미소를 지으며 대답했습니다.

"아주 좋은 질문이네요. 미래 사회에서 AI와 로봇이 다양한 일을 하게 되면, 일자리를 잃는 사람들이 생길 수도 있어요.

그래서 우리는 법적으로 그들을 보호할 방법을 고민해야 합니다."

학생들의 질문은 꼬리에 꼬리를 물고 계속 이어졌어요.

"변호사님, 그럼 AI나 로봇이 사람들의 '일할 권리'를 빼앗는 것 아닌가요? 그리고 이런 AI나 로봇이 법을 어기거나 사람들의 권리를 침해하면 어떻게 처벌하나요?"

정의가 진지한 표정으로 물었습니다.

"맞아요, 변호사님! 로봇이나 AI도 사람처럼 처벌받을 수 있나요?"

심술이도 거들었어요. 변호사 이랑은 고개를 끄덕이며 대답했습니다.

"AI나 로봇이 사람에게 피해를 준다면, 이를 만든 사람이나 사용하는 사람이 책임을 져야 할 수도 있어요. 즉, 법적 책임을 물을 **주체**를 명확히 하는 것이 중요합니다. 그렇지만 아직 최신 기술이 문제를 일으켰을 때, 이를 해결할 법이 충분하지 않은 상황이에요."

> **주체**
> 어떤 일이나 행동을 직접 하는 사람이나 중심이 되는 존재를 말해요.

이랑의 말을 듣고, 심술이가 무언가 떠오른 듯 외쳤어요.

"오! 그럼 죄를 묻기가 어렵겠는데요? 죄형법정주의잖아요!"

심술이의 똑똑한 질문에 변호사 이랑은 흐뭇한 미소를 지으며 대답했어요.

"맞아요, 아주 잘 알고 있네요! 법적 책임을 묻기 위해서는 정확한 법이 존재해야 합니다. 예를 들어, 자율주행 자동차가 사고를 냈는데 관련된 법이 없다면, 누구에게 책임을 물어야 할지 판단하기 어려워지겠죠."

학생들은 깊이 생각에 잠긴 듯했어요. 미래 사회에서 AI와 법이 어떤 역할을 할지 고민하기 시작한 순간이었습니다.

***

AI 기술은 사회의 다양한 분야에서 활발히 사용되고 있고, 지금 이 순간에도 계속 발전하고 있어요. 하지만 만약 AI가 법을 어기거나 사람들에게 피해를 준다면 그 책임은 누구에게 있을까요? AI 자체에 책임을 물을 수 있을까요, 아니면 그 소유자나 개발자가 책임을 져야 할까요?

예를 들어, 자율주행차가 교통사고를 일으켰을 때, 사고의 책임을 운전자에게 물어야 하는지, 아니면 제조사나 AI 시스템에 책임이 있는지를 명확히 하는 것은 복잡한 문제예요. 또한, AI가 의학적 진단을 잘못하여 환자에게 피해를 입혔다면, 의료 기관이 책임을 져야 하는지 AI 개발자가 책임을 져야 하는지도 명확히 할 필요가 있습니다. 법적 근거가 정확히 마련되어야 관련된 사람들이 자신의 권리를 보호받을 수 있어요. 현재 법체계에서는 이러한 새로운 상황을 반영한 명확한 규정이 부족하기 때문에, 기술 발전의 속도에 맞게 법적 제도의 정비도 필요합니다.

또한, AI와 로봇이 빠르게 발전하면서 많은 직종에서 이들이 사람의 역할을 대체하고 있어요. 이 변화는 벌써 일자리 감소와 실업 문제를 가져오고 있기 때문에, 노동법에 새로운 과제를 던지고 있어요. AI에 의해 대체된 일자리에 대한 공정한 보상과 새로운 직업 기회를 제공하는 법이 새로 생겨야 합니다. 또한, AI로 인해 일자리를 잃은 근로자들이 새로운 직종으로 전환할 수 있도록 지원하는 프로그램도 마련되어야 할 필요성이 있어요. 근로자들의 권리를 보장하고 차별적 대우를 방지하기 위한 법적 장치도 보완되어야 합니다.

이랑이가 알려주는 노동법, 개인정보보호법

▶ **노동법**: 일하는 사람(근로자)의 권리를 보호하고, 회사(사용자)와의 관계나 근무 조건을 정하는 법이에요. 일하는 시간이 너무 길어지지 않도록 정하거나, 정당한 월급을 받을 수 있도록 합니다.

▶ **개인정보보호법**: 개인의 정보를 안전하게 보호하기 위한 법이에요. 우리의 이름, 주소, 전화번호 같은 개인정보가 함부로 사용되지 않도록 보호하는 법이랍니다. 누군가 내 정보를 몰래 가져가거나 나쁜 목적으로 사용하면 안 되도록 막아주는 법이에요.

한편, AI 기술의 발전을 위한 데이터를 위해 대량의 개인정보가 수집되면서 사생활 보호 문제가 주목받고 있어요. 개인정보 유출로 인한 피해가 증가하고 있는 만큼 이와 관련된 법들도 강화되고 있어요. 어느 기관이나 기업이든 개인정보를 수집할 때 개인의 동의를 받고, 데이터 사용 목적을 정확히 알려야 해요.

경제적 불평등과 생존권

"결국 법은 인권을 가장 우선시한다는 걸 다시 한번 알게 되었어요."

평등이가 말했습니다.

"인권을 더욱 잘 보장하기 위해 필요한 법들이 또 있을까요?"

이랑이 뿌듯한 미소를 지으며 물었어요.

"요즘 사회 시간에 SDGs에 대해 배우고 있는데, 우리가 노력하는 것보다 법으로 정해 버리면 효과가 더 크지 않을까요?"

정의가 대답했습니다.

"SDGs에 대해서 좀 더 설명해 줄 수 있나요?"

변호사 이랑이 궁금하다는 듯이 물었어요.

"SDGs는 UN에서 정한 전 세계 '지속가능발전목표'로, 2030년까지 인류가 함께 해결해야 할 17가지 목표예요. 환경 보호, 사회적 불평등 해소, 지속가능한 경제적 발전 등이 포함되어 있어요."

정의가 기다렸다는 듯이 설명했어요.

"그중에서 어떤 목표가 인권과 관련이 있나요?"

변호사 이랑이 다시 질문했어요.

"저는 빈곤과 기아 해결을 위한 목표가 기억에 많이 남아요. 세계의 많은 사람들이 기본적인 생존권조차 보장받지 못하고 있어요. 법으로 이런 문제를 해결한다면 더 많은 사람이 도움을 받을 수 있을 것 같아요."

정의가 힘주어 말했습니다.

"맞아요! 빈곤을 줄이기 위한 법이 있다면, 단순한 생계 지원뿐만 아니라 교육과 의료 서비스까지 폭넓게 보장할 수 있을 거예요. 이러한 법적 장치는 인권을 보호하는 데 매우 중요하죠."

이랑이 눈을 반짝이며 맞장구쳤어요.

우리나라뿐만 아니라 전 세계적으로 빈부격차가 점점 더 심각해지고 있어요. 미래 사회에서는 이러한 경제적 불평등을 줄이기 위한 법적 지원이 더욱 필수적입니다. 특히, 경제적으로 어려운 취약계층도 기본적인 생존권을 보장받을 수 있도록 기존의 법적 제도를 보완해야 해요. 그중에서도 어려운 환경에서 생계를 유지하는 빈곤한 아동들을 돕기 위한 법이 더욱 필요합니다.

> **이랑이가 알려주는 인간의 존엄성, 아동빈곤예방법**
>
> ▶ **인간의 존엄성:** 모든 국민은 인간으로서의 존엄과 가치를 가지며, 행복을 추구할 권리를 가집니다. 국가에는 개인이 가지는 기본적 인권을 확인하고 이를 보장할 의무가 있습니다.
>
> ▶ **아동빈곤예방법:** 빈곤아동이 복지, 교육, 문화 등의 분야에서 소외와 차별을 받지 않고 한 사회의 구성원으로 건강하게 자랄 수 있도록 돕는 목적의 법입니다.
>
> *헌법 제10조 제1항, 아동빈곤예방법 제1조 참조

예를 들어, 복지 제도를 보완하여 아이들을 포함한 모든 국민의 최소한의 생계를 보장하고, 교육 기회 보장을 강화하여 모든 사람이 양질의 교육을 평등하게 받을 수 있도록 노력해야 합니다. 또한, 주거 지원을 법적으로 보완하여 저소득층이 안정적인 집에서 생활할 수 있도록 지원해야 해요.

빈곤은 단순히 돈이 부족한 문제로 끝나는 것이 아니라, 인권 문제로도 이어질 수 있어요. 따라서 빈곤한 상황에서도 인간의 존엄성과 생존권이 보장될 수 있도록 법도 함께 발전해야 합니다. 우리나라 최고의 법인 헌법에도 '인간의 존엄성'이 명확히 제시되어 있는 만큼, 인권을 지키는 것은 매우 중요한 일입니다.

2023년에 국가인권위원회에서 실시한 '인권 의식 실태 조사' 결과에 따르면 응답자의 17.6퍼센트는 '인권 침해나 차별을 가장

많이 받는 집단'으로 경제적 빈곤층을 뽑았어요. 이처럼 사회적 약자인 빈곤층이 차별받지 않고, 기본적인 인권을 존중받으며 살아갈 수 있도록 노력해야 합니다.

의료기술과 법, 그리고 인권

"인권을 스스로 포기할 수도 있나요?"
언뜻 들으면 황당한 질문이 심술이의 입에서 나왔어요.
"인권을 포기하다니, 무슨 말이죠?"
변호사 이랑이 궁금하다는 듯이 되물었어요.
"논설문을 쓰는 시간에 '안락사에 찬성하는가'라는 주제로 글을 쓴 게 떠올랐어요. 안락사는 자신의 '살 권리'를 포기하는 거잖아요. 그렇다면 안락사도 법적으로 가능한가요?"
심술이는 대답하면서 또 다른 질문을 던졌어요.
"안락사는 우리나라에서는 아직 합법이 아니에요. 하지만, 안락사가 합법인 나라들이 점점 늘어나고 있습니다."
이랑이 차분하게 설명했어요.
"그런데 사람이 스스로 죽음을 선택할 수 있는 법이 왜 필요한가요?"

평등이가 슬픈 표정으로 물었어요.

"고통을 견디기 어려운 환자들이 편안하게 떠나는 걸 선택할 수 있도록 하기 때문이에요. 생명에 대한 자율적인 선택을 법적으로 어떻게 보장할 것인가에 따라, 안락사에 관한 법이 결정되는 것이랍니다."

이랑의 말을 듣자, 학생들의 표정이 어두워졌어요.

"병에 걸려서 스스로 생명을 포기하는 것이 안타까워요."

평등이가 조용히 말했어요.

그러자 분위기를 밝히려는 듯, 심술이가 손을 번쩍 들며 말했어요.

"그럼 기술을 더 발전시켜서, 사람이 태어나기 전에 건강한 유전자로 바꾸면 되지 않을까요?"

하지만 친구들은 말도 안 된다는 표정을 지으며 웃었어요. 그런데, 변호사 이랑은 웃지 않고 진지한 표정으로 말했어요.

"유전자 편집은 실제로 개발되고 있는 기술이에요. 이 기술은 질병을 예방하는 데 도움을 줄 수 있지만, 현실이 된다면 예상하지 못한 큰 문제가 생길 수도 있답니다."

안락사와 생명권은 법적으로나 윤리적으로 논쟁이 치열한 주제예요. 일부 국가에서는 고통 없는 죽음을 선택할 권리를 법적으로 보장하고 있지만, 많은 나라에서는 여전히 안락사가 금지되어 있어요. 안락사가 허용될 경우, 사회가 환자를 더 쉽게 포기하는 방향으로 흐를 수 있다는 우려가 있기 때문이지요. 또한, 안락사를 허용하면 생명의 존엄성이 훼손될 가능성도 있기 때문입니다. 특히 의료비 부담이나 가족의 압력 등 외부 요인 때문에, 환자가 진정한 자신의 의사가 아니라 어쩔 수 없이 안락사를 선택하는 상황이 생길 수도 있어요.

이처럼 다양한 입장과 가치관이 존재하는 만큼, 생명권을 존중하는 법적 장치를 마련하는 것이 필수적이에요. 이를 통해 환자의 자율성을 존중하면서도 안락사 남용을 방지할 수 있습니다.

이랑이가 알려주는 생명권

▶ **생명권**: 모든 개인이 생존하고 살아갈 권리를 의미해요. 생명권은 기본적인 인권 중 하나로, 인간의 존엄성을 보장하는 중요한 요소입니다. 생명권은 누군가의 생명을 의도적으로 침해하지 않고, 모든 사람이 안전하게 살아갈 수 있도록 법적으로 보호받아야 한다는 원칙을 포함하고 있어요.

다음으로, 변호사 이랑이 언급한 '유전자 편집 기술'에 대해 살펴볼까요? 우리 몸은 아주 작은 세포들로 이루어져 있고, 그 안에는 우리 몸을 만드는 방법을 알려주는 설명서인 '유전자'가 있어요. 유전자 편집기술이란, 이 설명서를 수정해서 건강을 돕거나 문제를 해결하는 기술이에요. 현재 가장 유명한 유전자 편집 기술은 크리스퍼(CRISPR-Cas9)로, 가위처럼 특정 유전자를 잘라 내거나 수정할 수 있는 도구랍니다. 이 덕분에 과학자들은 낫 모양 적혈구 빈혈증이나 고치기 어려운 암 등을 치료할 방법을 연구 중이에요.

유전자 편집 기술이 발전하면 사람들이 건강을 지키는 데 큰 도움이 될 거예요. 하지만, 유전자를 마음대로 바꿀 수 있게 되면 큰 문제가 생길 수도 있어요. 만약 유전자 편집이 돈을 주고 살 수 있는 기술이 된다면, 사람의 생명이 마치 상품처럼 취급될 수도 있어요. 예를 들어 부모가 아이의 유전자를 선택해서 외모, 성격, 지능을 마음대로 정할 수 있다면, 인간 생명에 대한 존중이 사라지고, 생명권이 훼손될 수 있다는 우려가 커요. 이것은 '생명을 있는 그대로 존중해야 한다.'는 생명권의 원칙에 어긋나는 일이에요.

그래서 유전자 편집 기술을 사용할 때, 지켜야 할 중요한 윤리적 기준을 마련하고, 이를 준수하는 것이 필수적이에요. 생명윤리를 보호하기 위한 법적 기준을 세우고, 유전자 편집이 개인의 인권을 침해하지 않도록 보호하는 법안이 필요해요.

마지막 인사

이랑은 학생들을 바라보며 미소를 지었어요.
"여러분."
이랑이 조용히 입을 열었어요.
"법은 단순히 사람들을 처벌하고 옥죄려는 수단이 아니라, 서로를 지켜주고 우리 모두가 함께 살아갈 수 있도록 돕는 약속이에요. 기술이 발전하고, 세상이 빠르게 변화하더라도 우리가 법을 통해 서로를 존중하고, 배려하고, 보호하려는 마음을 잊지 않는다면, 어떤 미래가 와도 우리는 충분히 잘 대처할 수 있을 거예요."

변호사 이랑은 강의를 마치고 한숨 돌리며 아이들 앞에서 미소를 지었어요. 그때 아이들이 외쳤어요.

"우리 같이 사진 찍어요!"

선생님은 흐뭇한 얼굴로 고개를 끄덕이며 이랑에게 함께 사진을 찍자고 제안했죠. 이랑은 고개를 끄덕이며 아이들과 함께 서서 카메라를 향했어요.

아이들이 이리저리 자리를 잡느라 소란스러워지자, 이랑은 순간 멈춰 섰어요.

'우리 불과 얼마 전, 이렇게 사진을 찍었었지…….'

아이들의 환한 웃음과 잔뜩 들뜬 표정이 이랑의 기억을 건드렸고, 함께 졸업식 사진을 찍던 그 순간이 생생하게 떠올랐어요. 똑같이 깔깔거리며 어깨를 맞대고 웃던 친구들과의 시간이 현실과 겹쳐 다가왔어요.

"변호사님, 웃으세요!"

한 아이가 손을 흔들며 소리쳤어요. 이랑은 마치 꿈에서 깨어난 듯 웃음을 지으며 조용히 속삭였어요.

"그래… 이 순간을 영원히 기억할게."

아이들은 변호사 이랑이 무슨 말을 했는지 모른 채 웃으며 환하게 카메라를 향했어요. 셔터 소리가 찰칵하고 울리며, 이랑과 심술, 정의, 평등 그리고 다른 학생들의 모습이 담겼습니다.

'꿈과 현재가 이렇게 이어질 수도 있는 걸까?'

이랑은 혼자 생각하며 아이들을 바라보았어요. 한쪽에서 아이들이 소곤거리며 수줍게 다가오더니, 그 무리에 있던 심술이가 용기 내어 말했어요.

"저도 변호사가 꿈이에요! 다시 만날 수 있을까요?"

이랑은 심술이의 머리를 가볍게 쓰다듬으며 대답했어요.

"심술 학생이 꿈을 이룬다면, 언젠가는 저와 법정에서 다시 만날 수 있지 않을까요?"

학교를 떠나며 이랑은 한 번 더 학교를 돌아보았어요. 마치 어제 다녔던 학교처럼 느껴지는 그곳, 그리고 그날의 즐거운 기억들이, 이랑의 마음속에서 따뜻하게 피어올랐습니다.

부록 1.
교육과정 연계표

　이 책의 내용은 초등 3학년~중학교 1학년까지의 사회, 도덕, 국어 성취 기준 및 과제 활동과 유기적으로 연결되어 있습니다. 학교에서 온책 읽기 교재로 활용할 수 있도록 학교폭력 예방교육, 가정폭력 예방교육 등 생활교육 및 범교과 활동까지 다루고 있습니다. 과제활동을 통해 리걸 마인드를 기르고 2022개정교육과정에서 강조하는 창의적 사고 역량, 협력적 소통역량까지 함께 기를 수 있습니다.

1장. 공법

교재	연계 과목	연계 성취기준	과제 활동
스마트폰 사용은 내 권리 아니야?	사회 창체	[6사03-01] 일상 사례에서 법의 의미와 역할을 이해하고, 헌법에 규정된 인권이 일상생활에서 구현되는 사례를 조사하여 인권 친화적 태도를 기른다. [4사08-01] 학교 자치 사례를 통하여 민주주의의 의미를 이해하고, 학교생활에서 민주주의를 실천하는 능력을 기른다.	O

회장이 모든 것을 결정할 수는 없어!	사회 국어	[6사03-01] 일상 사례에서 법의 의미와 역할을 이해하고, 헌법에 규정된 인권이 일상생활에서 구현되는 사례를 조사하여 인권 친화적 태도를 기른다. [6사08-02] 민주 국가에서 국회, 행정부, 법원이 하는 일에 대해 이해하고, 각 국가기관의 권력을 분립하는 이유를 탐색한다.	O
큰 죄를 저지르면 목숨을 빼앗아도 될까?	도덕	[6도03-01] 인권과 관련된 다양한 사례를 살펴보고 인권에 관한 감수성을 길러 이를 실천하려는 의지를 함양한다.	O
미세먼지 때문에 체육을 못하다니!	사회 창체	[6사10-02] 세계의 다양한 기후를 알아보고 기후 환경과 인간생활 간의 관계를 탐구한다.	O
간섭이 아니라 보호야!	사회	[6사03-02] 일상생활에서 인권이 침해되는 사례를 찾아 그 해결 방안을 탐색하고, 인권을 보호하는 활동에 참여한다.	O
그 식당은 왜 15일이나 영업을 중지했을까?	도덕 창체	[4도03-01] 불공정의 사례를 탐구하고, 일상생활에서 공정의 가치를 추구하는 활동을 통해 실천 의지를 함양한다.	O
학교 근처에는 코인노래방이 생길 수 없다고?	국어	[6국01-06] 토의에 협력적으로 참여하며 서로의 의견을 비교하고 조정한다.	O
떡볶이 사줄 테니까 나를 뽑아줘야 해, 알겠지?	사회 창체	[6사08-01] 민주주의에서 선거의 의미와 역할을 파악하고, 시민의 주권 행사를 위해 선거에 참여하는 태도를 기른다.	O
어린이도 세금을 낸다고?	사회 창체	[6사03-01] 일상 사례에서 법의 의미와 역할을 이해하고, 헌법에 규정된 인권이 일상생활에서 구현되는 사례를 조사하여 인권 친화적 태도를 기른다.	O
누구도 차별받아서는 안 돼!	사회	[6사03-01] 일상 사례에서 법의 의미와 역할을 이해하고, 헌법에 규정된 인권이 일상생활에서 구현되는 사례를 조사하여 인권 친화적 태도를 기른다. [6사03-02] 일상생활에서 인권이 침해되는 사례를 찾아 그 해결 방안을 탐색하고, 인권을 보호하는 활동에 참여한다.	O

2장. 미래의 법

교재	연계 과목	연계 성취기준	과제 활동
법은 좋은 세상을 만드는 데 꼭 필요한 도구야!	사회	[6사03-01] 일상 사례에서 법의 의미와 역할을 이해하고, 헌법에 규정된 인권이 일상생활에서 구현되는 사례를 조사하여 인권 친화적 태도를 기른다.	
AI 판사가 인간 판사보다 나을까?	사회 국어	[6도02-03] 인간과 인공지능 로봇 간의 다양한 관계를 파악하고 도덕에 기반을 둔 관계 형성의 필요성을 탐구한다. [6국01-06] 토의에 협력적으로 참여하며 서로의 의견을 비교하고 조정한다.	
미래의 인권은 어떻게 달라질까?	사회	[6사03-02] 일상생활에서 인권이 침해되는 사례를 찾아 그 해결 방안을 탐색하고, 인권을 보호하는 활동에 참여한다. [9사(일사)12-02] 오늘날의 주요한 사회문제를 조사하고, 이러한 사회문제가 우리 생활에 미치는 영향에 대해 토의한다.	
법은 우리는 지켜주는 약속!	사회	[6사03-01] 일상 사례에서 법의 의미와 역할을 이해하고, 헌법에 규정된 인권이 일상생활에서 구현되는 사례를 조사하여 인권 친화적 태도를 기른다.	

부록 2.
2022개정교육과정 학교 자율시간 운영자료

교재를 활용하여 학교 자율시간 32차시를 운영할 수 있도록 구성하였습니다. 학교 및 학년의 상황에 맞게 시수를 조정하여 학교 자율시간 '활동'을 운영할 수 있습니다.

학년	3, 4, 5, 6학년	시수운영계획(예시)				
활동명	이야기로 배우는 우리 법 (민주시민역량)	교과(군)시수	교과	사회	도덕	국어	창체
			시수	10	8	6	8
영역	교재	차시	학습 주제 및 내용				
공법	스마트폰 사용은 내 권리 아니야?	1-2	- 1장 읽고 주제와 주요 쟁점 파악하기 - 과제활동(법령의 위계와 상위법 우선의 원칙 이해하기) 헌법의 중요성과 헌법재판소의 역할
	회장이 모든 것을 결정할 수는 없어!	3-4	- 2장 읽고 주제와 주요 쟁점 파악하기 과제활동(삼권분립과 입법부, 사법부, 행정부의 역할 이해) 대통령 탄핵과 법치주의에 대한 이해
	큰 죄를 저지르면 목숨을 빼앗아도 될까?	5-6	- 3장 읽고 주제와 주요 쟁점 파악하기 과제활동(국민의 기본권과 의무 알아보기) 기본권의 제한과 그 이유 생각 해보기
	미세먼지 때문에 체육을 못하다니!	7-8	- 4장 읽고 주제와 주요 쟁점 파악하기 과제활동(헌법에서 보장하는 환경권과 중요성 이해하기) 환경 보호를 위해 할 수 있는 일 찾아 말하기

민법	간섭이 아니라 보호야!	9-10	- 5장 읽고 주제와 주요 쟁점 파악하기 - 과제활동(아동·청소년 보호를 위한 법률 제안하기) - 그 밖에 아동·청소년을 보호하기 위한 노력 알기
	그 식당은 왜 15일이나 영업을 중지했을까?	11-12	- 6장 읽고 주제와 주요 쟁점 파악하기 - 과제활동(도움을 요청하거나 신고할 수 있는 곳 알아보기) - 그 밖에 여러 가지 행정 처분 사례 알아보기
	학교 근처에는 코인노래방이 생길 수 없다고?	13-14	- 7장 읽고 주제와 주요 쟁점 파악하기 - 과제활동(청소년 보호구역과 금지 시설 알아보기) - 청소년 마음 건강을 위한 노력 살펴보기
	떡볶이 사줄 테니까 나를 뽑아줘야 해, 알겠지?	15-16	- 8장 읽고 주제와 주요 쟁점 파악하기 - 과제활동(나만의 선거 포스터 만들고, 공약 만들어 보기) - 민주주의의 꽃, '선거'에 대하여 자세히 알아보기
	어린이도 세금을 낸다고?	17-18	- 9장 읽고 주제와 주요 쟁점 파악하기 - 과제활동(숨겨진 세금 사용처 찾기) - 나라의 살림살이에 대하여 더 알아보기
	누구도 차별받아서는 안돼!	19-20	- 10장 읽고 주제와 주요 쟁점 파악하기 - 과제활동(표현의 자유와 인권 침해에 대하여 토의하기) - 국가인권위원회의 역할과 인권 사각지대를 살피는 일의 중요성
진로	억울한 사람이 없도록, 나는 판사!	21-22	- 진로탐색(억울한 사람이 없도록, 나는 판사!) 읽기 - 판사가 하는 일에 대하여 소개한 영상 시청하기 - 판사가 되어 직접 분쟁을 해결해 보기(모의 법정 연계)
민법 (법과 미래)	법은 좋은 세상을 만드는 데 꼭 필요한 도구야!	23-25	- 1장 읽고 주제와 주요 쟁점 파악하기 - 초등학생이 꼭 알아야 할 법률상식 살펴보기 - 미래사회를 위한 법의 역할 탐색하기

민법 (법과 미래)	AI 판사가 인간 판사보다 나을까?	26-28	- 2장 읽고 주제와 주요 쟁점 파악하기 - 인공지능(AI)이 판사를 대신할 수 있을까?(토의하기) 법조인에게 필요한 능력은 무엇일까?(조사학습)
	미래의 인권은 어떻게 달라질까?	29-30	- 3장 읽고 주제와 주요 쟁점 파악하기 - 미래사회로 나아갈수록 더욱 중요해지는 인권은?(토의하기) 의료기술과 생명권, 그리고 이를 둘러싼 법률 이야기
	법은 우리는 지켜주는 약속!	31-32	- 4장 읽고 주제와 주요 쟁점 파악하기 - 법이 어떤 방식으로 우리를 지켜주는지 생각 해보기(토의하기) - 법을 잘 지키겠다는 다짐 공언하기

성취기준(예시)

- **공법 성취기준**

지식: 공법의 주요 내용을 이해하고 우리 사회에 법이 필요한 이유를 설명할 수 있다.
기능: 우리 주변의 약속(공법) 중 하나를 선택하여, 그 약속이 없을 경우 발생할 수 있는 문제점을 분석하고 이에 대해 해결책을 제안할 수 있다.
가치·태도: 공동체를 위해 만들어진 약속(공법)을 준수하는 것이 개인뿐만 아니라 사회 전체에 이익이 된다는 점을 이해하고, 이러한 약속을 성실히 이행하려는 태도를 함양한다.

- **민법 성취기준**

지식: 미래사회에서 인공지능 활용 시 새로운 법적 규범이 필요한 이유와 그 중요성을 이해할 수 있다.
기능: 현재와 미래 사회의 인공지능 활용 사례(인공지능 로봇, 스마트폰 비서 등)를 조사하고, 이러한 기술이 일상생활에 미치는 영향과 잠재적 법률 문제에 대해 토의할 수 있다.
가치·태도: 미래사회에서 인공지능의 건전한 활용을 위해 법적 규범이 필수적임을 인식하고, 이러한 규범이 사회적 문제를 예방하며 공동의 이익에 도움이 된다는 관점을 가진다.